封面故事

名稱：齊心共舞雞心珮

年代：2023年出圖

說明：一對活寶

40年的簡陋收藏

歡心盡舞 合您一起分享

註：

本書如有錯置

歡喜指真

打眼誤傳

亦在所藍免

相玉相飾

JACK & BLUE

CHINESE JADE

慎勤軒&傳真藏

相玉相飾

目錄

前言

神氣 新石器-春秋

玉氣 戰國-漢

相玉相飾

貴氣 唐-宋

福氣 明-清

帶鉤

水晶

序言 | 台南市文物協會理事長 / 楊文中

"君子比德于玉"慎勤軒主人羅基煌先生為名聞遐邇的收藏界大佬，其收藏品項眾既多且優，羅先生對於古玉更有著無比的癡愛與執著，玉器之探究謹慎又勤奮。20世紀80年代起，羅先生便到處蒐羅古玉，亦因工作關係經常遊走大陸各地，也為他日後的收藏奠下契機，40多年來，秉持著對玉器的熱愛，也積累了眾多的玉器。"傳真藏"主人藍傳真先生，為人處事收藏亦如其堂號，藍先生和"慎勤軒"主人羅基煌先生是相交40多年的摯友，兩人情誼深厚，在漫漫歲月裏兩人相知相惜，在收藏的道路上攜手不斷的學習探索，在經歷了無比的艱辛和努力之後，終於有了今日豐碩的成果。

"相玉相飾"是由"慎勤軒&傳真藏"眾多藏品中，藍傳真先生精挑細選，以能隨身佩帶玩賞的把玩件為主，並由其撰文、攝影、編輯。

序言 | 台南市文物協會理事長 / 楊文中

"當其欣于所遇,暫得于己,快然自足"每件藏品在藏家心中都是無比珍貴,然而它們也僅是歲月長流的過客,每位藏家都只是短暫的持有者,更應該懷著恭謹之心守護這些文物使之能綿延長存。蒐藏的樂趣在於尋覓探索個人喜愛之物的過程中,思索玉飾的巧妙構思創意設計與蘊含的文化藝術信息。

"相玉相飾"的付梓成冊,期望能和玉友們共享"慎勤軒&傳真藏"兩位藏家的收藏心得,並且能夠從中獲益,同樂甂玉之趣味。

前言 ｜ 慎勤軒 / 羅基煌

古玉鑑賞與蒐藏，帶給了我充實生活和無窮樂趣。
能與同好或好友相互交流、切磋，更是喜悅、歡欣。

與藍兄結識40年，情誼深厚。很高興能合作"相玉相飾"，
以我倆收藏配飾玉器為主，傳頌古玉的精巧、玄妙與秀美。
"相玉相飾"由藍兄主持選件、拍攝、撰文、設計。
透過他的敏銳眼光和感觸，作深入剖析與論述，引領賞心悅
目，體認美玉的靈性品格、時代氣韻與文化內涵。

古物自有情，知遇有緣人。

前言 | 傳真藏 / 藍傳真

我有一個老靈魂，自幼喜歡收集，郵票、火柴盒、錢幣、
破瓶爛罐、也收廢料做工藝，同學給我取外號「撿破藍」
這些收集有趣，卻不能隨身把玩，直到玩紫砂泡茶養壺，
有緣得到茶友介紹，編輯慶大莊念聖堂古玉籍，這又多了
一條不歸路，玩玉！

40年前因工作玩玉與羅兄相遇相識，40年後依然相知相惜
共商以「相玉相飾」主題集結成冊。
珮飾是立體藝術的縮小版，能隨身欣賞把玩並與古人交流
玩玉最大樂趣是發現符號的故事秘碼，賞玩古玉不僅考驗
玩家的藝術眼光，更讓人揪心的是真偽與年代的判別，我
總結重點是，沁變、包漿辨新老，料、工、形、紋斷年代
玉文化發展一脈相承，概括分神玉、王玉、民玉三個階段
宗教圖騰的神玉，尊禮守制的王玉，富貴階層的民玉，
不同時代的玉器，有不同的氣韻，編輯相玉相飾有一想法
何不以「氣」為主題，來劃分玉器的時代章節

「神玉、神氣」遠古抽象單純，商周森嚴神秘
「王玉、王氣」東周開放疏朗，漢代古樸厚重
「民玉、貴氣」唐宋自然風雅，明清吉祥富貴

「神氣」

神教時代，巫、具有人神間溝通的能力

巫「以玉祀神」，

解決人與人之間的關係

此時玉器不再是工具最初的實用功能

而是華麗轉身

承擔與天地人神溝通的神玉

只有原始部落的首領和巫師才能擁有

神氣

【新石器—商周】

以玉祀神　溝通天地

PERSEUS

我雖靜默　卻非無聲

本是神鳥　翱翔天際

流淌天神血液　偶然竚足人間

轉化奇雞　睥睨群雄

以王者之姿　昭示神聖

昂首挺立　展開雙翅

走上聖壇　鑄就典範

瞻望前塵無足跡　回眸顧盼無來者

我仍孤獨　無止境的追求

謳歌美好永恆

註：

以上文案節錄自2018年為凱馨實業

設計 "帕修斯雞" 品牌精神宣言

1

玉梟 紅山

長5.2cm×高5cm

梟，暗黑世界的隱形戰鬥機，目能夜視，先民相信
牠能透視未知，巫師帶在身上以溝通神靈、彰顯神
權，一雙大圓眼凸起，胸腹豐滿，腹部下方斜凹線
示意鷹爪，瓦溝紋凸出羽翼肌理，雙翅舒展與肩齊
平，三角尾，尾羽平整，身姿符合現代流體力學。

2

玉珠 紅山

長2.7cm×高3.3cm

古玉經歲月沁蝕，呈現蒼傷痕跡，盤玩過程，如與古人對話，與歲月交流，脫胎之後，宛如鳳凰重生煥發迷人風采，又看見一隻靈猴封存其中，等待新主人來解除封印。

3

玉牙壁 龍山文化

長4cm×高4cm

璿璣，三個外緣朝同一方向旋轉，間距相等的牙，西漢學者孔安國釋：璿璣衡也，王者正天文之器，可運轉者，玉璿璣是龍山文化的代表器，有說可用來觀天象，通天意為玄機，佩戴在身上護身祈福。

4

玉錐形瑱　文化期

長1cm×高8.5cm

方柱形玉瑱一端尖一端有榫
打孔，早期認為玉瑱是墜飾
器，尖端向下當作玉墜使用
近期良渚考古發掘，瑱是當
作頭飾使用，尖端向上。

5

玉珠項鍊 文化期
一串

項鍊由六十二顆圓柱形小玉管組成，玉管呈雞骨白色，盤玩後潤澤變褐色，玉管中心對鑽穿孔，可穿繩繞掛於頸部，本組玉串飾項鍊整體光素無紋，造型樸實,具上古簡約美感。

玉柄形器 商

長1cm×高6.2cm

素面，沁白褐色，呈長柱形
柄端打孔，下飾凸弦紋一週
器身雕飾六組精美蓮瓣紋，
底部尖狀短榫可插嵌在器座
上，柄形器是商周常見的禮
玉器，夏代出現，至春秋戰
國時期消失。

7

玉龍形珮 商

長4.4cm×高1.5cm

龍身呈彩虹彎，背脊雕扉棱狀，玉質黃色，嘴部打孔，方形眼，尾部上卷，週身飾龍鱗紋，兩面紋樣相同，線條採用陰線雙勾，是商代典型的裝飾紋樣。

8

玉鳳冠人形璜 商

高8.5cm

詩經商頌：「天命玄鳥，降而生商，宅殷土芒芒」商人崇拜鳳鳥圖騰，玉人蹲踞狀，以敬禮通神姿態頭帶鳳型華冠，側臉，雙手捧於胸前，臣字眼蒜頭鼻，雲紋耳，身勾連羽紋可作玉璜頸項配飾，下端短榫打孔，亦可單獨固定立於座上。

9

玉人龍珮 商~西周

長1cm×高5.5cm

柱型神人，頭帶高冠上鑽
一孔，足下龍首，蹲踞狀
睜目平視，寬鼻，雲紋耳
雙手撫膝，神情肅穆，整
器以粗細陰線刻畫，質地
瑩潤無瑕，製作考究，是
一件少見的西周玉器精品

10

玉蟬 西周

長1.5cm×高4cm

玉工細心觀察蟬的特色神韻，蟬食露水、寓意志氣高潔，蟬蛻重生，寓意精神不死，整器設計栩栩如生、造型簡潔精緻，呈現圓扁平形，刀法利落，中心穿孔可佩帶於身，顯示卓爾不凡、高風亮節。

11

玉螳螂 西周

長5cm×高1cm

螳螂的獵捕能力、強悍的繁殖能力,古人對它們充滿敬畏喜愛,雕琢栩栩如生的玉螳螂、禮敬天地,祈禱獲取螳螂的超凡能力,整器立體寫實、栩栩如生,造型嚴謹精緻,刀法利落,雙足間穿細孔、可佩帶於身。

12

玉柄形器 西周

長2cm×高7.5cm

整器長柄形，由三部構成
頭部呈冠型，中間Ｖ形凹
槽，上柄部兩道陰線間形
成束腰，下部平直呈扁平
狀。黃玉質，整器受沁有
棕色斑紋。通心穿孔可佩
帶於身。

13

玉蟬 西周

長2cm×高4.6cm

玉蟬，意指精神不死，道德高潔。器身呈長條瓦狀造型抽象，首端鑽兩孔，可繫繩佩帶，中腰部出三道脊牙，暗示三生萬物，尾部雙翼外撇形成飛揚動態，此類瓦形器極為少見。

14

玉獸面 商

4.8cm

虎、百獸之王，虎氣鎮邪，玉獸面輪廓簡練，寫實與誇張相結合，採用幾何紋雙勾線俗稱「一面坡」獸正面，「臣」字眼瞪目凝視，長眉闊鼻，毛髮居中向上，耳部兩圈陽紋，設計為一圓璧，佩之驅邪祈福。

15

玉雙連戈 西周

長2.8cm×高7.3cm

《左傳》國之大事,在祀與戎。

玉戈是禮儀用器、王權的象徵,代表統治者崇高的地位
與威嚴,白玉質,瑩潤緻密,扁平,中脊略厚,兩邊刃
薄,連戈之間略有縫隙,兩戈接近底部有兩個細小圓孔
製作精巧,磨制光滑,貴族佩戴祈求國泰民安。

玉長尾鳳 西周

長3.7cm×高2.1cm

鳳鳥小巧玲瓏薄片狀,從青銅器紋飾中吸收了鳳鳥紋圖案,使鳳鳥紋向圖案化的方向發展,技法採用粗陰、細陰線雙勾法來刻畫主題,體現了西周時期的神秘和謹嚴,琢有圓孔供系掛之用。

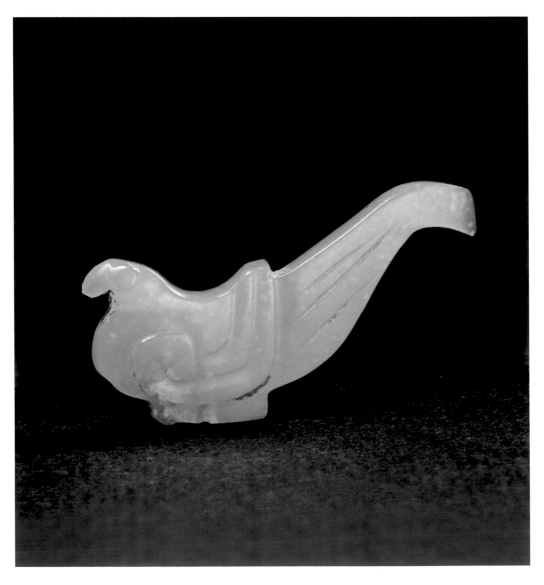

17

玉鳥形珮　西周

長1.8cm×高2.3cm

姿態自然逼真生動，雕刻簡約、圓首、閉嘴、瞪目肩頭圓滑，背脊凸起，雙翅收攏，圓尾，表面以陰線表現羽翼，器身打磨光滑，通心穿孔。

18

玉鹿形珮 西周

長5.8cm×高4cm

玉質黃褐沁色,扁片,鹿呈奔跑狀,回首張望,「臣」字眼,兩耳上揚,背拱起,短尾,體態健碩,腿肌以兩道圓弧線表現,蹄趾明顯,前肢後收,後腿蹬出,表現奔跑瞬間神態。造型富有活力,紋飾簡潔,為西周玉鹿之精品。兩面紋樣相同,頸部有小孔,可佩戴。

19

玉鹿形珮 西周

長3.6cm×高3.5cm

玉黃褐沁色，扁片，鹿站立狀，昂首回望，泰然自若，反映西周詳和的自然風格，「臣」字形目，大耳，吻部前凸，前胸挺出，後背拱起，短尾，體態壯碩，蹄趾明顯，鹿角華麗，腿肌兩道圓弧線表現，簡練明快，造型神俊，紋飾簡潔，玻璃光，為西周玉鹿神品，兩面紋樣相同，頸上有小孔，可佩戴。

20

玉魚 西周

長5.8cm×高1.8cm

21

玉魚 西周

長4cm×高1.3cm

西周以魚為形象的玉器最為常見，形制上常分兩種，一種為薄片直行，一種以拱背為主，作跳躍狀，顯得十分的生動活潑，體現出魚的真實性。

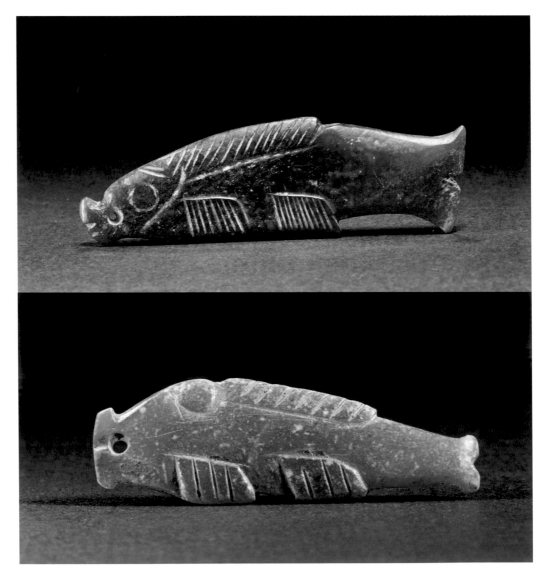

22

玉魚 西周
長6.8cm×高1.7cm

23

玉魚 西周
長4.1cm×高1cm

整個魚身上雕有陰刻線，有些玉魚身上陰
刻線至魚鰓部位，現出一個完整的魚頭形
態，魚尾部分有的開叉有的不開叉，也有
的魚尾拉長削尖或平整，作為小工具使用

24

玉魚 西周

長4.7cm×高0.8cm

25

玉龍首魚 西周　長3.8cm×高1.3cm

遠古先民與各種昆蟲和動物共存，它們身上那些特質讓人充滿想像，古人對它們充滿敬畏、喜愛，魚化龍為龍首與魚身相結合，魚轉化為龍，暗示生命價值的昇華，玉質瑩潤，雕工精湛，彰顯尊貴不凡

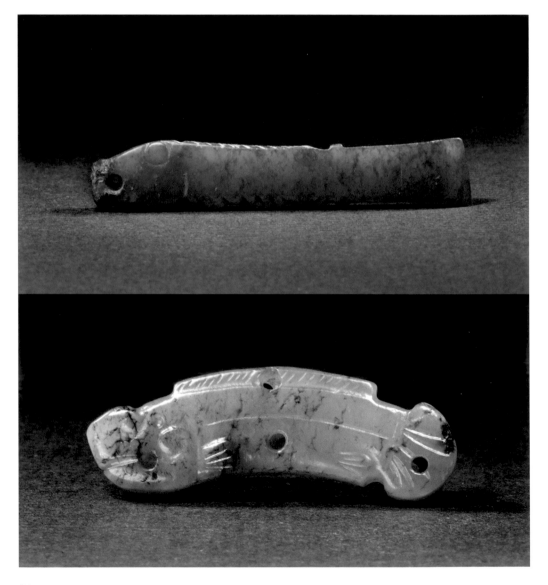

26

玉盾形珮 西周~春秋

長2.1cm×高3cm

西周串飾中的"盾形"玉飾，
實為龍鱗的象徵物，始見於虞
夏時期的陶紋，在商代玉龍身
上多有刻繪，它也是西周項飾
的重要題材。

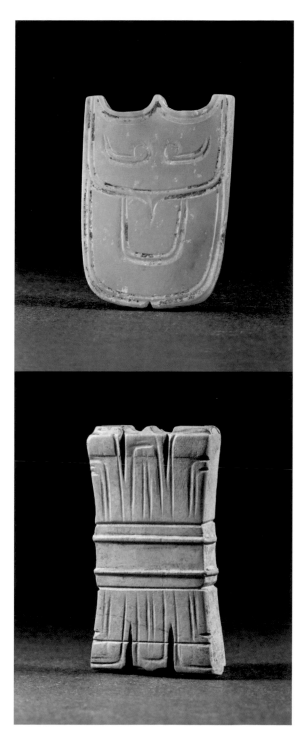

27

玉束絹形珮 西周~春秋

長2.1cm×高3.5cm

西周玉佩中的"束絹"形佩，
實為蟬的象徵物，而絲絹亦稱
之為"蟬衣"，組佩中比較常
見的墜飾形制，佩作收束布帛
狀，兩端如蟬形，中部周飾二
道平行浮雕弦紋，玉質受沁呈
白色鈣化，上下兩端各有二斜
穿孔。

28

玉蠶 西周

右. 長2.2cm×高1.2cm

中. 長2.2cm×高1.1cm

左. 長2.2cm×高1cm

商周時期種桑養蠶普遍，蠶會脫皮蛻變重生轉化，天蠶變，寓意蛻變重生，玉蠶以圓雕手法琢出，蠶作拱起狀，形象逼真，蠶口圓孔，用於組串佩戴，玉質瑩潤，雕工精巧。

玉方柱形飾 西周

右. 長0.9cm×高2.4cm

中. 長1cm×高3cm

左. 長1cm×高3cm

切割方正,邊角工整,打磨平滑,週身雕刻雙陰平行雙線紋,螺旋向上,寬度一致,螺線中間留白處設計單陰線菱型紋,單、雙陰線的視覺跳動間,產生目眩,引導斜行向上動感,中孔通心穿可佩帶於身。

30

玉龍形玦　西周~春秋

3.5cm

考古時玉玦多被發現在主人的耳部，因而被推測
為耳飾，至於佩帶方式，主要有三種可能，
一種是靠玦的缺口夾住耳垂，
一種是從玦的缺口穿過耳洞，
一種是從耳旁裝飾一條帶子，綁個結，然後掛上。

31

玉龍紋玦 西周~春秋

3.8cm

玉玦、扁平體、環狀有一缺口，兩尾相交在一起的
簡化夔龍紋，兩組龍頭朝向缺口，採用雙勾陰線雕
刻技法，玉玦雙面紋飾相同，兩面對稱，玉質精美
碾琢精細，紋飾線條流暢，是春秋戰國時期此類玉
玦的精品。

32

玉龍形玦

西周~春秋

3.3cm

33

玉龍形玦

西周~春秋

3.5cm

34

玉龍鳳紋玦 西周~春秋

a. 2.8cm　b. 2.8cm

玉玦一對，紋飾相同， 兩尾相交在一起
的簡化夔龍紋，單面雕刻另一面無紋。
玉玦能完整保存一對，殊為難得。

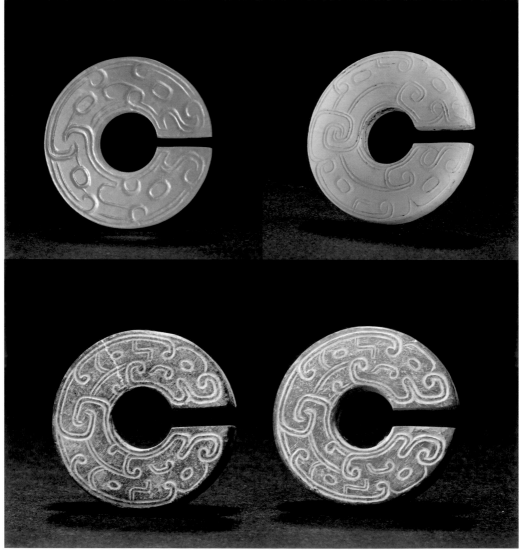

35

玉龍形觹 西周~春秋

長3cm×高1cm

劉向《說苑》能治煩決亂者佩觹，佩觹代表有解決
困難的能力，是一個人聰穎智慧的表現，也是男子
成人禮的體現。全器素雅，扁平片狀無飾，龍首符
號卻暗示出身不凡。

36

玉龍首雲紋飾 春秋

長3cm×高3cm

紋飾華美，線條流暢，一面坡刀法加雙陰線紋，
玉質精純，刀法利落，碾琢精細，磨制光滑，是
春秋時期的精品。

37

玉龍首紋管形飾 春秋

長1.9cm×高2.4cm

兩端圓徑大小不一，小端鑿一小孔及一缺口，以固定其他組合物件，紋飾華美，線條流暢，一面坡刀法加雙陰線紋，玉質精純，刀法利落，碾琢精細，磨制光滑，是春秋時期的精品。

38

玉龜 商~西周

左．長3.8cm×高2.3cm

右．長4cm×高2.7cm

玉璧禮天，龜壽延年，玉璧財富，龜齡智慧，
龜璧合體，敬天祈福，龜與璧乃古玉常見之物
龜與璧結合，則稀有罕見，構思巧妙，龜表情
憨萌，玉質潤澤，沁紅討喜，當傳子孫萬代。

39

玉牛 春秋
長3.5cm×高1.8cm

40

玉鹿 春秋
長3.1cm×高1.7cm

體態壯碩，肩胛厚實，臀部拱起彎角，杏眼，長尾前肢榫孔，後肢直立，表現了牛安適的神態。扭繩螺旋紋，構成肌理毛紋，兩面紋樣相同，前肢榫孔可佩戴。

形似幼鹿，呈跪臥狀，閉口，無角，短尾小耳，雙目圓睜四肢屈於腹下，表現孺慕之情，受沁呈黃褐色，兩面紋樣相同，四肢上有間小孔，可佩戴。形態簡潔傳神。

41

玉獸形珮 春秋

長2.8cm×高2cm

42

玉獸形珮 春秋

長2.5cm×高1.7cm

黃褐色，玉質溫潤光澤。獸昂首，作勢欲起,尾振力揚起狀，減地淺浮雕，單線捲雲紋，身型飽滿，充滿動感，有通心孔。

碧綠色，玉質盈潤晶瑩，趴蹲狀，四肢伏地，尾垂地，減地淺浮雕捲雲紋，單線紋飾身型，神態恬靜有 ·通心孔。

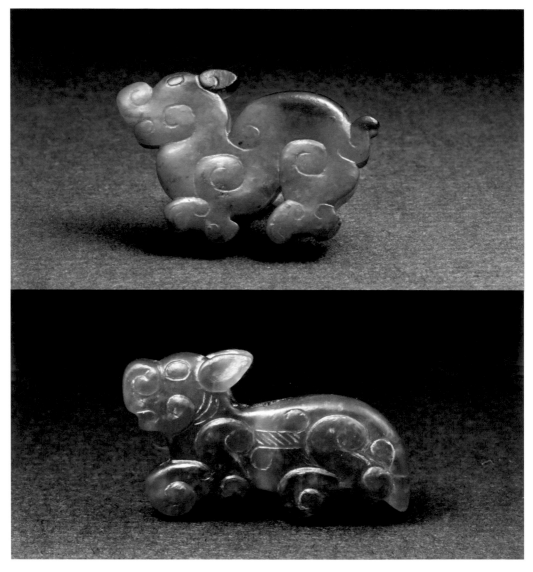

43

玉獸面 春秋
長1.5cm×高1.3cm

黃褐色，玉質溫潤，獸首面具，減地淺浮雕，氣勢張力充滿神祕感，雙目挖空可透視人間，溝通神靈震懾人心。

44

玉獸面 春秋
1.5cm

左右對稱紋飾構成獸面，碧綠色，玉質潤澤，減地雲紋淺浮雕，通心孔，可作為飾物。

45

玉龜殼 春秋

左 長1cm×高0.9cm

中 長1.5cm×高1.7cm

右 長1.3cm×高1.1cm

龜為四靈之首，享天壽，活久見，智慧高，疑難雜症，求神問卜，指點迷津，消災解厄，祈龜壽延年子孫萬代。

46

玉龜形珮 春秋

長1.5cm×高2cm

造型神氣自然，黃褐色，
玉質溫潤，龜殼紋飾左右
對稱，雙雲紋減地淺浮雕
頭昂然挺出，四出足，通
心孔，可作為飾物。

47

玉雲紋勒 春秋

長1cm×高1.7cm

器型端正，紋飾華麗，勒
身出三節脊牙，中軸及上
下雲紋呈對稱格局，象徵
三生萬物，生生不習，雲
捲紋各結合三條陰線，形
似鬃毛隨雲氣飄逸，暗示
雲中藏龍，王氣十足，雞
骨白沁，通心穿孔可佩繫
。

「王氣」

商周時期社會等級制度發展，
權利和財富逐漸集中
玉器除了具有宗教性質，
更大程度上也彰顯著王權
帝王時代，王玉「禮制」規範
社會地位、等級差別
得按照禮制和規範以制約臣民的行為

玉氣

【戰國—漢】

禮玉文化　彰顯王權

48

玉雙龍珩 戰國

長9.5cm×高2.5cm

雙龍珩身如一彎彩虹,兩端捲雲紋龍首,雙目圓睜
鬚毛下捲,以一圈網格紋雕飾頸部及鼻耳腮,珩身
邊緣斜刀留框,身體寬度分三等份,中間部份雕刻
雙陰線S雲氣紋,兩側由內向外刻密集平行斜陰線
視覺產生雲氣流動速度感。

49

玉龍形珮 戰國

長5.8cm×高2cm

《詩經 國風》：有女同行，顏如舜英。將翱將翔，
佩玉將將。彼美孟姜，德音不忘。
淺黃色，鐵鏽沁，玉質純潤，典型戰國拐子龍紋，
減地淺浮雕，身形寓靜於動，雕工精湛，雙面雕，
身打一孔作為組佩，慢步時環佩叮噹，清脆悅耳。

50

玉龍首雲紋飾 戰國

長7cm×高3cm

古代玉材極為珍貴，本件應是戰國時用舊玉改件，原件可能是龍首紋陰刻線玉璧。中間穿孔可作配飾尾端短榫打孔，可裝接其他器物，當禮儀祭祀通神的禮器。

51

玉龍鳳珮 戰國

長3.3cm×高3.3cm

龍鳳合體，共用一身，龍首鳳首互為起始，相生相
合，身飾以渦雲紋，暗示轉化之意，陰線勻整，充
分展現工匠技藝，仍保留生坑狀態，器身佈滿土沁
風化痕跡更顯得古韻。

52

玉龍形珮 戰國

長4.8cm×高2cm

佩帶玉觽被認為聰穎智慧，能解決困難，觽形珮呈扁平狀，減地淺浮雕工法，龍張口，雙目圓睜，鬣毛向兩邊捲曲，頸部以陰線刻出一圈絞絲紋，此珮特殊之處在於龍中有龍，龍身有三龍，鼻及鬣毛清晰可見，龍顎又暗藏一龍，五龍合體，王氣十足。

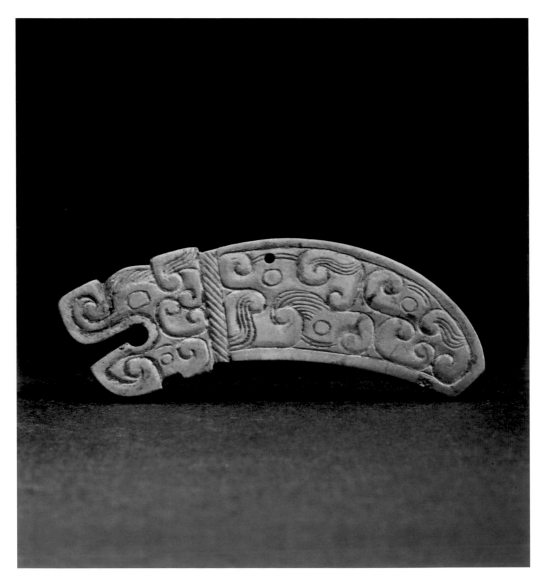

53

玉龍鳳珮 戰國

長5cm×高2.3cm

龍鳳合體，共用一身，龍首鳳首互為起始，相生相合，身飾以扭絲紋，暗示扭轉之意，龍鳳臉型威猛角冠剛勁有力，整器刀工鋒利線條乾淨利落，充分展現戰國戰鬥風格，卓絕技藝，仍保留生坑狀態，土沁自然熟舊，器身穿孔繫繩，保持平衡狀態，龍鳳珮設計奇巧，為戰國稀有精品。

54

玉龍形觽 戰國

長5cm×高1.5cm

玉觽為角形玉器，造型來源於獸牙，頭部粗大、尾部尖銳為基本特徵，玉觽除了用於佩帶裝飾的功能外，還以此作解繫繩結的工具，整器切工鋒利，玉器拋光亮麗，龍首剪影鏤空，水滴狀陰線眼，陰線勾勒輪廓，充分展現戰國風格，生坑狀態，保留朱砂鐵鏽沁灰自然。

55

玉魚形珮 戰國

長4.3cm×高2cm

玉魚身長如龍，體態捲曲如騰龍，週身佈滿龍鱗，
陰刻線飽滿分明，整體看似為魚，但頭部勾勒鬣毛
暗示魚龍合體，魚化為龍，玉質精純，刀工利落，
拋光亮麗，玉質堅不受沁，光潔如新，正、背面紋
飾完全相同，造型奇巧，為戰國稀有精品。

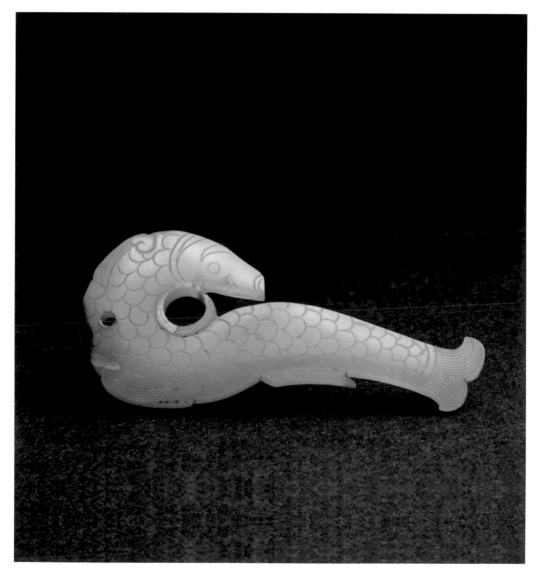

56

玉鳳形珮 戰國

長3.4cm×高2.3cm

鳳鳥剪影，造型簡潔，玉鳥作側面休憩狀，圓眼尖喙，鳥尾末端平直，陰線勾勒輪廓，鳳鳥紋線條優美流暢，玉質精純，保留生坑狀態，風化痕跡更顯古韻。

57

玉雙鳳珮 戰國

長3.8cm×高2cm

聯體雙鳳透雕，玉佩兩側為兩條相背的鳳鳥，二鳳
後部，相連形成雙「T」形，鳳嘴叼一小龍，二鳳
造型及正背面紋飾完全相同，鳳身周邊羽片紋，局
部有陰線紋，構思奇巧，整體造型莊重大方。

58-60

玉龍首紋龜殼形珮 戰國

58．長2cm×高2.4cm

59．長2cm×高2.3cm

60．長2cm×高2.5cm

龜背呈菱形隆起，形體飽滿
中脊兩側各刻兩隻神龍紋，
神龍紋面對面反向交結，陰
刻線網格紋暗示鬣毛龍鱗，
背部平整，帶硃砂，品位極
高，保留生坑，通心穿打孔
可佩掛。

古人認為龜長壽有靈，能先
知，因此用龜甲占卜，預知
吉凶，《禮記‧易本命》「
介蟲之精者」，說龜是最有
靈氣的甲殼動物，龜、龍、
鳳、麟合稱四方神，龜是北
方神「玄 武」。

玄武一詞見於《禮記‧曲禮
上》「行前朱鳥，而後玄武
」。唐代孔穎達註解「玄武
，龜也」，大詩人屈原在《
遠游》中寫道，時曖腿其莽
兮，召玄武而奔屬，洪興祖
注釋為「玄武謂龜蛇」，住
北方，故曰玄(黑色)，身有
鱗甲故曰武。

61

金柄玉環首 戰國

長2.2cm×高4cm

「削刀」是古代一種特別的文具，紙沒發明的時代
用簡牘書寫文字，讀書人常隨身帶著刀和筆，寫錯
字，或是舊簡重用，即以削刀削去簡牘上原有文字
好像今天的修正液。金柄精緻保留，削刀只留鏽痕
環首如捲雲，體扁平，玉質精純，磨製光滑。

62

玉鏤雕虎紋飾 戰國

左. 長3.8cm×高2.5cm

右. 長3.7cm×高2.5cm

虎威天下，平安賜福，兩隻老虎各盤踞一方，目、耳、身、足、尾、形神具足，虎班紋陰刻，構思奇巧，整體威儀大器，單面雕，片狀鏤空，鑽四孔可鑲衣飾。

63

玉鏤雕螭紋飾 戰國

長2.3cm×高4.5cm

片狀陰刻，分成兩方格，中鏤空，每格各雕一螭龍一雙炯炯大眼，眼上方網格紋為龍鱗，眼下方螺旋部份應為龍足簡化，二龍長尾擺置中間，四週繚繞雲氣紋，整體造型神祕抽象，攝人心魄，單面雕，鑽四孔，可鑲衣飾。

64

松石鳳首韘形珮 戰國

長3.6cm×高4.2cm

韘是開弓拉弦時,套在拇指上,保護手指的勾弦輔助工具,《詩‧衛風》芄蘭之葉,童子佩韘,雖則佩韘,能不我甲,童子佩韘,象徵已長大成人之意松石材料做韘,已無勾弦實用性,是華麗的珮飾器象徵身份品味,鳳首昂揚,胸膛壯碩,鳳喙飽滿,英姿煥發、形象逼真。

65

玉韘形珮 戰國

長2.8cm×高4cm

開弓沒有回頭箭，韘，玦也，能射禦則帶韘，佩韘表示具有射禦決斷的能力，韘身雕滿龍首紋，品位極高，紋飾繁複細密，雕工精湛，玉質精純，刀法利落，碾琢精細，受沁保留生坑，為戰國玉韘精品。

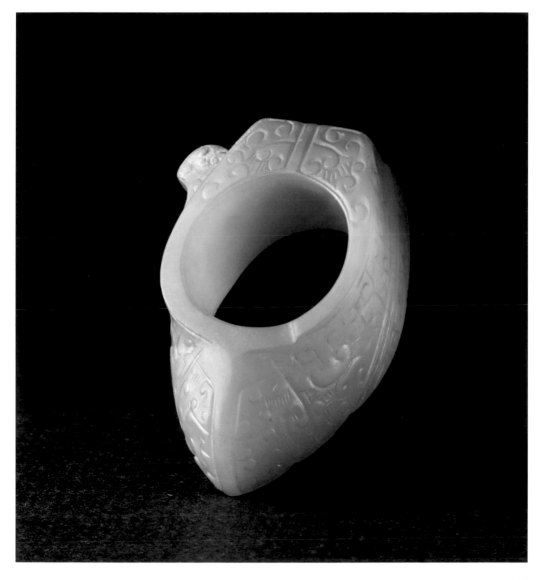

66

玉鳳形飾 戰國~漢

長2.58cm×高5.8cm

鳳開嘴鳴叫狀，尾部翹起，長冠、昂頸、長尾、鳳眼，顯得格外秀媚而有神，輕盈娟秀、飛鳴起舞的動態，呈現了「鳳飛鳴則天下太平」，精美白玉，淺浮雕，鐵鏽沁斑，保留生坑狀態，下端有榫孔，可用作嵌飾。

67

玉鏤雕鳳形珮　西漢

長3.4cm×高4.8cm

鳳開嘴鳴叫，飛鳴起舞，翎毛隨風高高揚起，呈現
歌舞昇平，祥和氣象，單面雕，片狀鏤空，單陰線
遊絲毛雕，淺黃色，玉質溫潤，器身佈滿土沁，保
留生坑狀態。

68

玉寬形鐲 漢或更早

直徑8cm×高3.2cm

深綠，質地堅硬，有閃亮的結晶體、寬版、高身、厚壁、沁色斑爛、敦厚凝重、圈口稍大寬形手鐲，戰國已開始用鐵桿工具，打洞很直。

69

玉鷹 西漢

寬2cm×高2.2cm

鷹是猛禽，寓意安全的守護者，鷹身呈扁平狀，鷹
首稍稍昂起，平視前方，淺浮雕陰刻翅膀，作展翅
飛翔狀，雙翅平展，尾羽散張，兩爪作長條形，曲
於身下。造形敦厚樸實，體現出簡約美感，黃玉，
玉質瑩潤，象鼻穿孔。

70

玉龍首璜 西漢

長7.8cm×高3.7cm

龍首璜兩端雕側面龍首圖案，其形似獸，張口疵牙水滴眼，耳貼於頸部，唇厚大，璜身陰線勾連，上部中打一小孔，供繫掛，陰線勻整，淺青色，整器侵蝕沁變，器身佈滿硃砂殘留，玉質精透，刀工流利，拋光亮麗，正、背面紋飾完全相同。

71

玉鞢形珮 漢

長6.1cm×高5.7cm

古人認為，心藏神，給心一個寓所，就會心神安定
鞢形佩心狀火苗造型，暗合五行「心屬火」之說，
貼身佩戴後，起到驅邪護心、藏神保命的作用，雞
心佩兩邊分飾雲氣紋，雲氣靈動、行雲流水，左邊
氣流由後穿璧而出，創造立體意象，雲中雖無龍首
實則暗藏天龍。

72

玉龍首飾 漢

長4.6cm×高1.8cm

龍首立體雕，其形似獸，頸平切無孔，閉口，撸喙
疵牙，雙眼圓睜，長耳貼於頸部，和田白玉，玉質
精潤，鐵鏽沁，仍保留生坑狀態，造型剛毅雄猛，
雕刻精湛，展現大漢雄魂氣魄。

玉雷神 漢

高7cm×寬1.7cm

雷神，中國古代
神話中司雷之神
漢朝時期《淮南
子》記載，雷澤
有神龍身、頭似
彌猴、色如丹、
目如鏡、鷹喙。
端坐椅上，背雕
渦旋紋，彰顯其
崇高神格，和田
白玉，玉質純潤
老土大紅沁，保
留生坑狀態，造
型莊嚴肅穆，神
氣十足。

74

玉蒲紋環 漢

寬8.8cm×高8.6cm

古人“蒲草為席，席地而坐”，將似蒲席排列有序的紋飾稱為蒲紋，蒲紋流行於漢代，蒲紋分割線較寬，碾法剛直俐落，並帶有玻璃光，玉質晶瑩，鏽沁斑爛，古韻盎然。

玉琮形勒 漢

高8.3cm×寬1.5cm

玉璧禮天，玉琮禮地
琮與勒子是同時代產物
琮為禮器，勒為配飾器
台北故宮也有一同型器
是較短的三節神紋琮勒
三是玉琮禮地通神密碼
三橫線代表天地人三才
神人加三橫即天人合一
三節神紋至琮中柱反轉
暗示三個月的節氣轉換
四方共計二十四節神紋
暗示一年有二十四節氣
玉琮勒子象徵帝王之樂
物阜民豐，國泰民安
器型端正，雕工嚴謹
完整體現王者之氣
通體黃沁，經過盤玩
橘皮紋、熟舊油潤
通心穿以繫繩珮飾

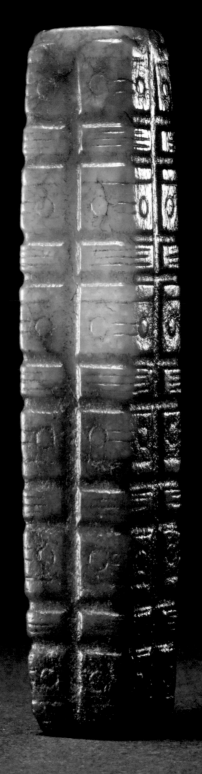

76

玉鏤雕龍形珮 漢

長5cm×高4.7cm

龍身盤旋成環形，首尾相啣，龍角遒勁、嘴闊開、
嘴唇上翹，利牙、貓耳、杏眼、眼角稍長，身飾卷
雲陰線，鱗羽抽象處理，龍體騰耀翻轉、張牙舞爪
給人一種既能上天又能入地，無所不能的霸氣。

77

玉鏤雕龍形珮 漢

長4.4cm×高3cm

首尾相連，盤如捲雲，龍抬頭，引頸向前凝望，龍鬚下垂捲曲，前足後蹬，整體寓靜於動，張力十足，合口、撇嘴、鼻上翹，眉角上挑、眼角拉長，表情體現王者威嚴氣勢，白玉，純潤通瑩，寶光四射，整器以立體淺浮雕技法雕琢，是藝術造詣極高的漢代玉珮。

78

玉劍衛 漢

長5.8cm×寬1.8cm

劍衛是鑲嵌於劍鞘上，底下方框用革帶穿過，以供穿戴佩繫之用，俗稱文帶，表面瓦溝紋構成兩條凸起弦紋，弦紋平行對稱排列，剛直有力，立體感強質地潤澤，微透明，拋光極好，呈現鏡面玻璃光。

79

玉鳳鳥劍衛 漢

長5.3cm×高3.3cm

鳳鳥回首作休憩狀，頸部柔軟弧線，翅上揚，羽蓬
鬆，伸足向後，整體姿態優雅秀美，關節處陰刻旋
渦紋，遊絲毛雕雲氣紋裝飾器身，暗示這是一隻遨
遊雲端的鳳，造型稀有，形態生動愜意，玉質瑩潤
細膩，造型大氣，體現漢代太平盛世風格。

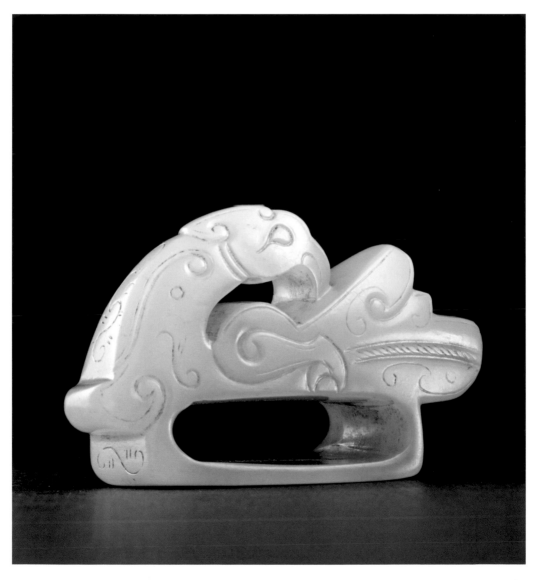

80

玉螭紋劍珌 漢

長3.4cm×高3.4cm

螭是漢代典型圖騰，螭以獸為型，但身形狹長，劍珌呈不等腰梯形，立體雕，螭首突出珌廓，長頸彎曲，獸足，巨目粗眉，寬鼻大嘴，雙耳直豎，頭頂捲曲長鬃，體細長，長尾，鏽沁斑爛，古韻盎然

81

玉龍紋劍格 漢

長6.4cm×寬3cm

劍格雙面雕，分雕不同紋飾，一面琢高浮雕螭龍紋
一面飾淺浮雕雲格紋，高浮雕螭龍極具靈動感，劍
格極少有保存完好的，大多崩裂，完整的高浮雕螭
龍劍格，更屬難得，體現漢代立體化風格。

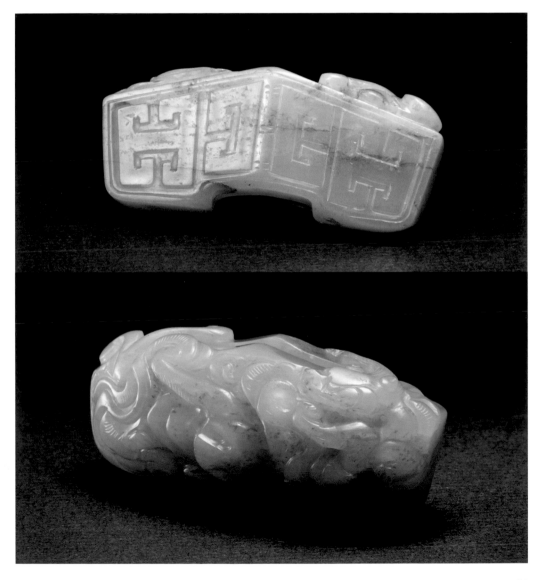

82

玉龜鈕印 漢

長1.8cm×寬1.3cm

漢代能使用龜形印鈕的只有皇太子，王侯、丞相、
大將軍等高級官員，後來「龜鈕」成為官印的代稱
龜鈕白玉質，溫潤細膩受沁，生坑，造型古樸，古
韻盎然，刀法簡潔嫻熟，無印文。

83

玉辟邪鈕印 漢

1.8cm

螭龍睥睨天下，蟠踞於平台之上，引首向前凝望，王者威嚴氣勢，體型壯碩，頭頂捲曲長鬃，長頸彎曲，巨目粗眉，寬鼻大嘴，耳伏貼，豐臀，長尾，白玉，沁漬斑爛，古韻盎然，立體透雕，工藝高超無印文，是漢代玉印的佼佼者。

84

玉方印覆斗鈕 漢

2.3cm

形制方正，有印文「張莫當」，白玉受沁，雕切剛直有力，四壁光素打磨光滑，是漢代玉印的經典款

85

玉七竅 漢

眼—長5cm×寬2.5cm
含蟬—高6.4cm×寬3cm

漢葬用玉，置於墓主頭部、口琀玉蟬、玉眼蓋、耳
塞、鼻塞、底大上小的柱狀體、玉件均有不同程度
的沁色、琀蟬，玉質瑩潤，拋光細膩、標準漢八刀
線條簡潔有力，完整一套漢代玉殮具，難得。

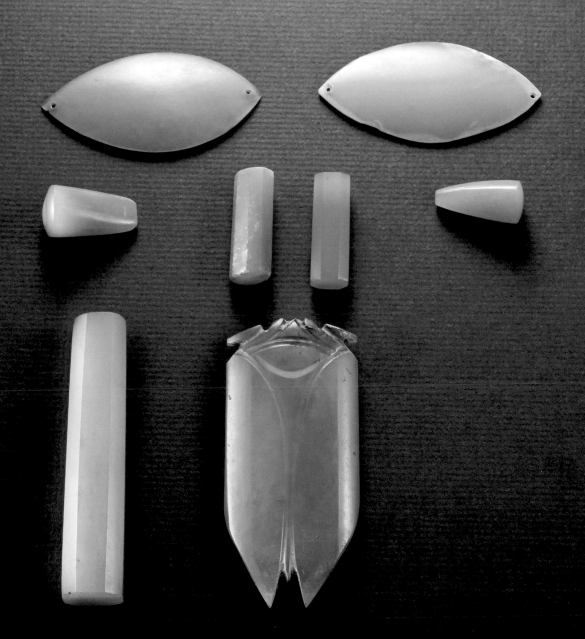

86

水晶握豬 漢

長8cm×寬2cm

握豬，在漢代墓葬十分流行，不僅具有顯示財富的象徵，還能彰顯墓主人身份地位，典型「漢八刀」豬，頭、尾、底側面均平直，豬的頭部下頜和尾部有小穿孔。雕工犀利簡潔，鐵鏽滿沁，水晶材質握豬少見。

87

瑪瑙握豬 漢

長9.5cm×寬2cm

粉紅瑪瑙握豬極為少見，圓柱體，俯臥狀，體態瘦長，東漢時代「漢八刀」平直削切工法已弱化，以浮雕手法，雕琢出頭，四肢、尾的輪廓，線條圓融整體意像接近真豬的面貌。

88

玉鞢形珮 漢

長3cm×高3.8cm

鞢形珮玉料白潤通瑩，風格
造型極簡，打磨精細，僅用
細如髮絲的陰線，雕飾雲氣
紋，展現流動感和靈動氣息
遊絲毛雕是漢玉技法上的一
個特點。

89

玉蟬 漢

長2cm×高4.5cm

珮蟬頭部打孔，玉質白潤，玉蟬象徵純潔、清高、通靈，一雙大眼由兩側雕琢而出，羽翅清晰，頭頸部一道絞絲紋，背呈菱形隆起，蟬翼收攏成尖狀，背腹弧形，陰刻蟬腳，刻畫逼真，簡潔生動。

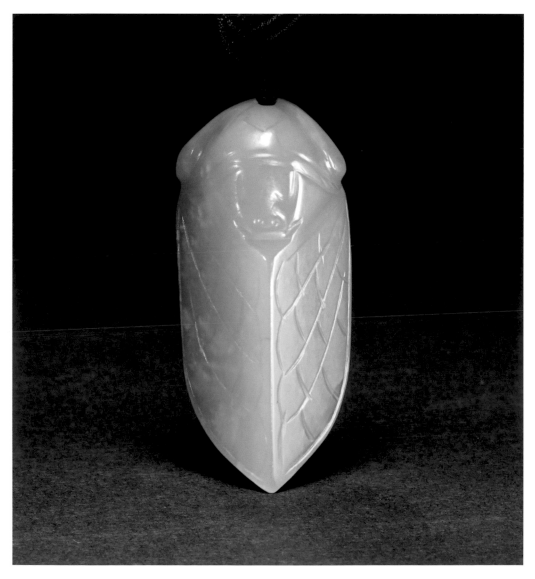

90

玉勝形珮 漢

長1.8cm×高2cm

「串」字形玉勝，兩端柱形突出，玉質白潤，寶光通瑩，線條剛直，刀工銳利，打磨精細，通心穿孔「勝形珮」是漢代出現的新器型，有三種型式，器型相似：一、司南珮，頂部有斗勺和柱形。二、串字珮，串字型聯體柱造型，串字珮頂端沒有斗勺。三、工字珮，工字型扁體造型。

91

玉五銖錢 漢

2.6cm×2.6cm

陽刻「五銖」二字，反面光素無文，圓錢方孔上方
有通心穿孔供珮繫，玉錢屬帝王賞錢，餽者應屬皇
室，玉錢精純無瑕，沒有一絲紋理像一塊白色琉璃
散發強烈的玻璃光，玉錢邊緣受殘，原因是古代祭
畢毀器習俗。

92

瑪瑙蠶 漢

長3cm×寬1cm

蠶脫皮蛻變寓意重生轉化，蠶形體飽滿，仿生立體
雕刻，腹部呈弧形蠕動狀態，圓嘟嘟的蠶寶寶可愛
少見，配飾器有圓孔，可穿繩佩繫。

93

玉豬 漢

長2.4cm×高1.2cm m

大件豬玉握,常見。
這麼小的八刀豬,僅見
精純瑩潤的羊脂玉,雕
工犀利,簡潔抽象,頭
尾底側面均平直,有極
細穿孔,應是玉串飾。

94

琥珀虎 漢

長2.5cm×高1.4cm

圓嘟嘟造型,很有福氣
靜臥形態,身體肥碩,
頭大、脖子粗,臀部豐
滿,漢海昏侯墓出土類
似件。

95

松石羊 漢

長2.8cm×高2cm

羊圓雕,造型自然真實
靜臥狀態,身體肥碩,
臀部豐滿,短頸,嘴部
似榫凸,角大而誇張、
向下盤曲,身上飾陰線
細紋。

玉鏤空雙對鳳紋珮　魏晉

長5.3cm×高9cm

鸞鳳和鳴象徵美好幸福，雙鳳相視，傳達雙宿雙飛情意長，四鳳剪影合為一幅合家歡，造形優美，極具藝術巧思，紋飾線條流暢，散發溫馨氣韻。

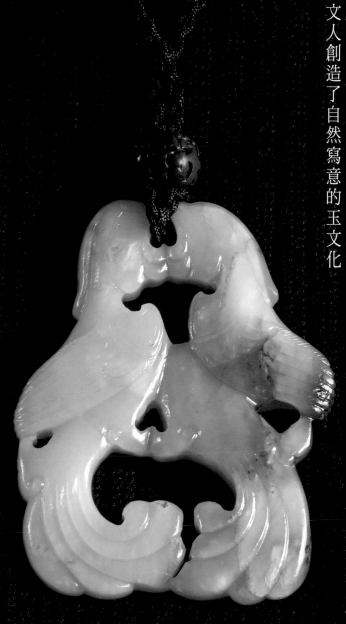

貴氣

【唐—宋】

君子佩玉　玉人不俗

舊時王謝堂前燕，飛入尋常百姓家，魏晉南北朝戰亂後，社會結構被破壞

唐宋開啟了科舉制度，文人成為新貴，玉器成為商品，不再專屬於統治階級

文人創造了自然寫意的玉文化

貴妃　鳳梳雲鬢　風華絕代

鳳生九雛，以孔雀最美，華麗奪目，霞光漫溢，百花爲之羞容，雲彩爲之失色。

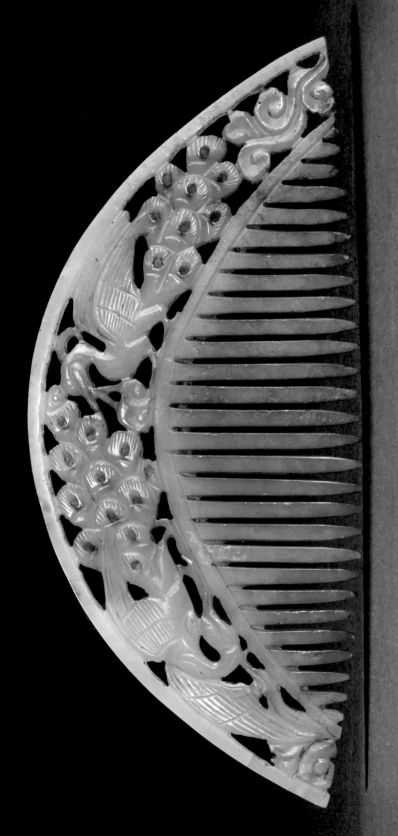

97

玉鳳梳 唐

長12.8cm×高5.5cm

女人心中有兩位女神

武后　勾連大業　乾綱獨御

昂首霸氣，體態豐滿，煥發盛唐氣韻。

98

玉鳳首帶鉤　唐

長9.5cm×高2cm

99

玉龍鳳紋對簪 唐

龍-長21.9cm　鳳-長22.1cm

唐代女人髮型獨樹一幟，髮型有近百種之多，對簪左右對稱插戴在髮髻兩旁，一式二件花紋相同，方向相反，雙面淺陰線各透雕龍、鳳銜綏紋，周邊飾纏枝花卉。整器陰刻線條規整細密，是唐代玉器的典型風格。

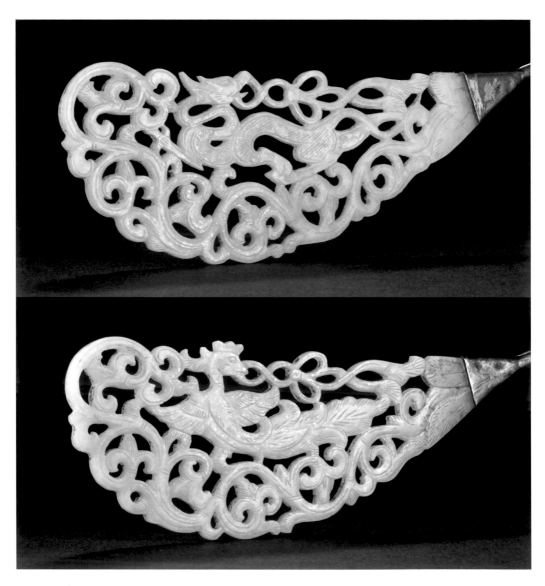

100

玉鏤雕龍鳳珮 宋

長5cm×高3.5cm

白玉鏤空雕，晶瑩剔透，鐵鏽沁，鏤雕龍、鳳、小龍三獸，三獸面向中心，合樂融融一家親，螭龍身形矯健，騰躍於雲紋之上，典型宋代玉龍稱為"花間行龍"。

101

玉龍 唐宋

長7.3cm×高4.5cm

飛龍在天利見大人，展現一股強大勇猛騰飛的氣勢，
上唇如鷹喙，下唇上翹，長鬚飄逸，丹鳳眼，嘴角
與眼梢齊平，前腿一道飄逸火焰紋，後腿長鬚飄捲
上揚，龍尾與後腿疊在一起，頭鬚長飄，背鰭尖銳
突出，腳踏品字花型雲紋。

102

玉龍珮 遼金

長5cm×高5cm

厚片方牌，鏤空立體雙面雕，龍端坐雲上，展現一
股王者威儀，面容祥和，開口含齒，首尾相連，角
上捲，體態矯健，腿碩爪大，腿飾火焰紋，頭鬃長
而飄逸。龍本四足，為什麼胸前卻多出雙手握珠，
原來是智珠在胸，告誡自己位高權重＂多留一手＂

玉雙鳳珮 宋

長5cm×高6.8cm

兩隻鳳造型紋飾相同，身體親蜜結合，象徵鸞鳳和鳴，永結同心，祝福婚姻幸福美滿。心飾如意紋，鳳飾如意紋，事事如意。尾端翎羽一對圓眼，造型如雛鳳，暗示早生貴子。透雕陰刻線密而纖細，精細華美，玉質溫潤，沁黃。

玉雙鳳珮 宋

長4.8cm×高6cm

鳳飛翱翔兮，四海求凰，情投意合兮，鳳求凰。
兩鳳造型紋飾相同，一大一小，大者為鳳，小者為
凰，透雕陰刻技法，陰刻線密而纖細，精細華美，
玉質溫潤，沁紅褐色。

105　106

玉孔雀銜花紋佩一對　宋

高7.9cm

呈半圓形，體扁平，孔雀雙面透雕，作展翅飛翔狀，長頸彎曲，圓眼，口銜花枝，翅膀伸展，羽雕纖細陰線，平行排列，長長的尾羽後拖，排列有序，採用多層次鏤雕工法，富有立體感。

107

玉辟邪 宋

長5.3cm×高3.3cm

傳說有角翼的神獸能招財聚寶、帶來好運,一隻角稱為「天祿」兩隻角稱為「辟邪」。雙角辟邪,水銀沁,蹲伏凝視狀,獸首微昂,捲眉,圓眼,如意形鼻,嘴平齊,軀體肢幹健壯,如意型雙翼豐滿飛揚,神采奕奕,兩足中肩穿孔。

108

玉天祿 宋

長4.5cm×高3.8cm

黃玉獨角天祿，蹲踞前瞻，揚眉吐氣，陽光眉，張口露齒如含珠，體幹飽滿，身飾火焰紋，豐臀，如意尾，如意型雙翼飛揚，神態祥和溫遜，展現一股尊貴氣質，上下通心孔用以穿佩。

109

玉虎 宋

長3.4cm×高3.8cm

虎形圓雕者較為少見，造型樸拙，身軀線條簡單，
虎呈蹲踞恭謹狀，仰目前視，圓貓臉，憨態可親，
尾巴豎直，簡練線條刻出虎之神韻特徵，黑色釘金
沁，巧妙形成虎斑紋，上下通心孔用以穿佩。

110

玉兔 唐

長4cm×高2.3cm

《瑞應圖記》:「赤兔者,瑞獸,王者盛德則至」民間視為富貴、多子之象徵。

玉質細膩,造型簡約,器身無紋,刀工簡練,似漢八刀的犀利風格,半橢圓體,器底平直,靜態俯臥狀,頭伏於前肢上,後腿蹲踞,四肢、雙耳緊貼身軀,神態安詳,腹部鑽一橫穿圓孔。

111

玉牛 遼宋

長6.8cm×高4cm

玉牛獨角，俯臥，神態安逸，睜眼閉口，回首伏於
肩上，四蹄牛尾曲於身下，整體造型比例完全自然
生態，器底平直，鑽四孔，供鑲繫。

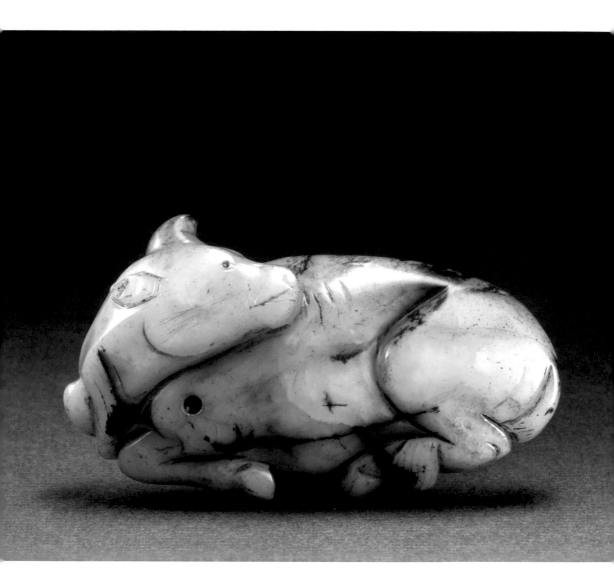

112

玉馬 宋

長5cm×高3.5cm

驃騎揚蹄罷，且享午後逍遙。青玉馬，圓雕，玉質
溫潤細膩，馬回首，側臥，身軀扭轉嬉耍，前肢曲
躬，後足翻滾，體態神駿，元氣飽滿，動感十足，
臀肥碩，頸部鬃毛濃密整齊，分梳兩側，頭壯，小
耳，鼻翼隆起，長尾拂揚，沁色散布於頭、胸前及
前足。

113

玉狻猊 宋

長5.3cm×高3cm

獅子、古稱狻猊，又為龍生九子之一。
萌萌的小瑞獸，做蹲伏凝視狀，背脊骨節、肋條肌
理清晰、長捲眉、圓眼、如意鼻，分岔拐子尾，玉
褐色沁，雙足間挖孔，可佩戴。

114

玉犬 宋

長5cm×高3.5cm

標準宋代瘦犬形象,犬頭部狹長,嘴耳尖,
四肢彎曲,臥伏於地,前肢較長,向前伸展,
體態修長,骨瘦嶙峋,背脊骨節,粒粒分明,
腰部肋條,刻工清晰,長尾翻揚貼於身側,
和田白玉,黃褐色沁,足間鑽孔,可佩戴。

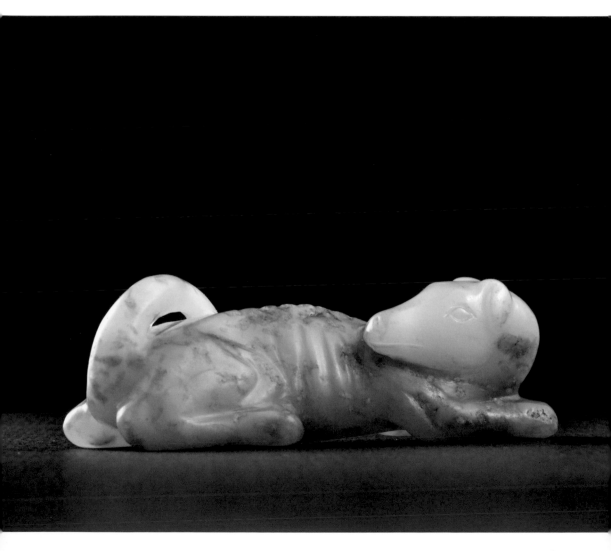

115

玉蹲獅（狻猊） 唐

長2cm×高2.2cm

白玉立體圓雕，獅首轉向身側，微仰，頭長雙角，張口露齒、濃眉、圓眼、如意鼻、前腿一道飄逸火焰紋，後腿長，鬃毛長捲上揚，造型可愛，玉質精

116

玉鴨（鵝）宋

長3cm×高1.8cm

宋代時，北方契丹族與女真族，喜愛帶曲頸或回首
雁鵝玉佩。這隻優閒的雁鵝，以簡練刀法，表達了
雁鵝的翹尾豐臀特徵，曲頸處形成小孔，供繫佩帶

117

玉鸕鷀 宋

長5.5cm×高3cm

鸕鷀即魚鷹，漁人馴養以捕魚，鸕鷀從營巢孵卵到
哺育幼雛，共同進行，和睦相處，親密體貼，在古
代是美滿婚姻的象徵，這隻優閒的鸕鷀，刀法極簡
表達了鸕鷀的閒適神態，通心孔，供繫佩帶。

118

玉雁鴨 宋

長5.5cm×高3cm

圓嘟嘟的鴨箱寶一路划水潛行，鴨身圓碩、短頸、闊胸、翹尾豐臀，圓眼尖喙，曲頸與羽翼蜷縮在一起，腹兩側飾陰線羽翼，羽翼向上斜出，臀部微翹雙足收於腹下，形態溫順一派悠然自在，褐色沁，上下通心穿。

119

玉仙人騎鳳 宋

長7.5cm×高5cm

鳳凰于飛，和鳴鏘鏘，喻神仙眷屬，感情和諧。
仙人坐騎鳳凰之上，鳳體壯碩，駝峰隆起，雙足收
於腹下，仙人吹奏竽笙，面目清朗，束髮髻，寬衣
博袖，衣褶線條流暢飄逸，帛帶飛揚，體現御風而
行的律動感。

120

玉蕃僧

（北京故宮註「海龍王」）

長1.3cm×高3.8cm

北京故宮有一件同款式海龍王，此尊佛像幾近毫雕工藝之精讓人驚歎，藝術家雕刻之前，當齋戒靜心沐浴淨身，默念心經，心誠意正，才能精準下刀無誤。個人懷疑這尊名稱應是「達摩雕像」，而不是海龍王。工藝精湛，為傳世神品。

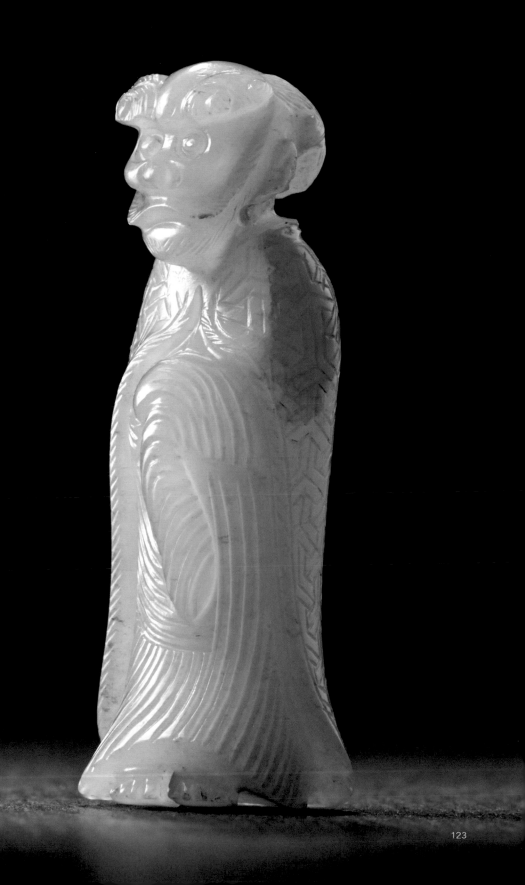

121

玉漁翁 宋

長2.7cm×高3cm

長髯老翁，身背魚簍，笑容滿面，手舞足蹈，看不到鶴，也看不到蚌，卻暗示鶴蚌相爭，漁翁得利，造型活潑極富感染力。

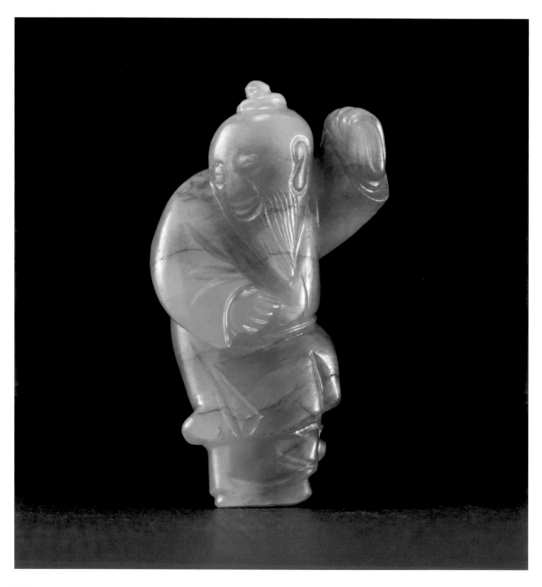

122

玉坐人鈕器塞 宋

長3.5cm×高7cm

這是一個瓶塞，毫無懸念，用在什麼瓶子之上，則令人費解，只好用推理。玉人面容俊秀，頭梳髮髻面露微笑，右手露出圓型物，左手持一節杖，盤腿往左後仰，這不就是太白醉酒的姿態嗎，右手露出圓型物應是酒葫蘆，左手拿著節杖是要告戒自己，將進酒，杯要停，要節制。

123

玉螭龍珮　宋明

長4cm×高6cm

「蒼龍教子」橢圓形玉璧，一面浮雕兩隻螭龍，另一面乳釘紋，小螭龍與蒼龍，龍頭相對，小螭龍似在仔細聆聽蒼龍說教，天下父母心，望子成龍，望女成鳳，希望家族興盛，世代為官。

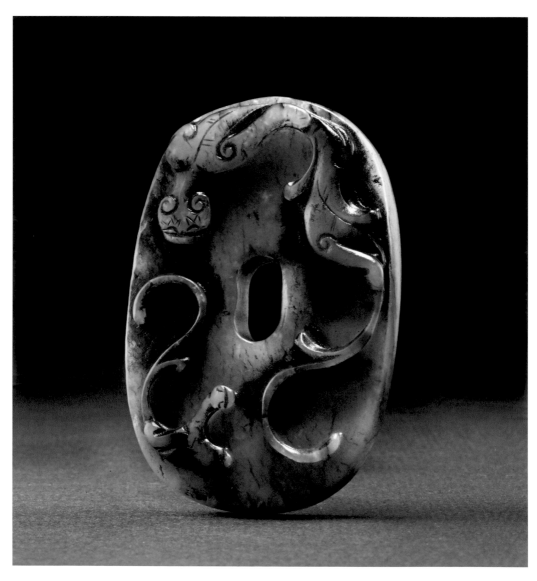

124

玉鯰魚 宋明

長5cm×高5.5cm

鯰魚背部黑，魚肚白，黑白表達天地陰陽太極，
諧音年餘，象徵年年有餘，藝術家用一塊天然籽
料隨型雕琢一隻形似太極的鯰魚，造型渾然天成
正所謂大器不琢，魚頭尾連成圓，大圓頭，身寬
扁，陰刻圓眼，臉側兩條長鬚，沁醬褐色。

125

玉琮　宋

長2.8cm×高2.8cm

宋以後出現了仿商
周玉琮，素面矮體
為多，不再當神器
使用，已成為貴族
把玩欣賞的器物，

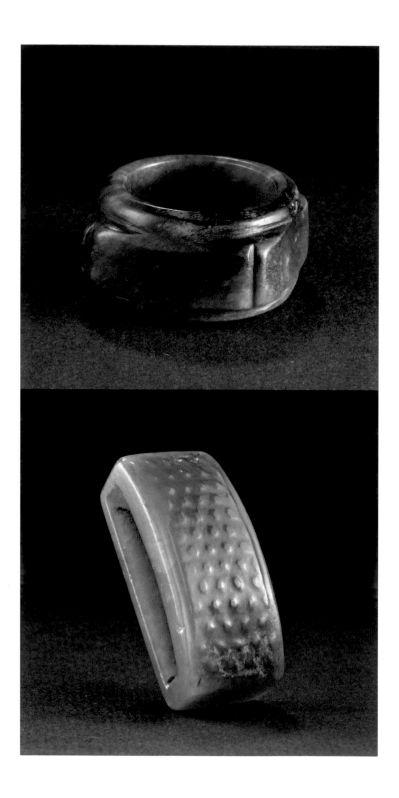

126

玉劍衛　宋

長1.5cm×高4cm

面雕琢乳丁紋，全
沁土黃色，留灰。

127 　　 128

玉嘎拉哈　遼金

長2.6cm×高2cm　——→

長3.5cm×高2cm　↓

形似羊距骨,玉質純淨溫潤
曲面圓滑流暢,中穿孔可串飾
嘎拉哈,北方民族的一種文化
遼金時期北方草原游牧民族
常將部分上好獸骨關節取下
當成玩具或隨身佩戴的飾品
以玉為材質雕刻成的嘎拉哈
是貴族階級文人雅士的佩飾
作驅吉避邪之用,可帶來好運

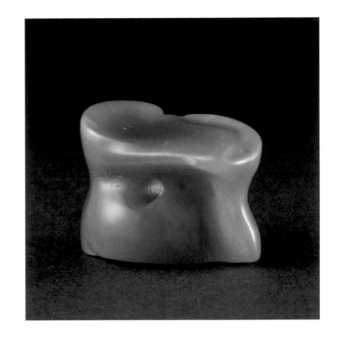

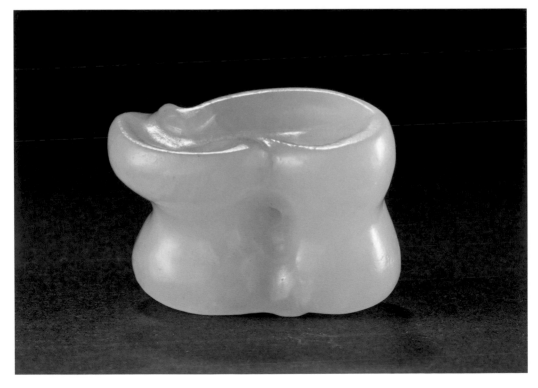

129

玉蟬 宋

長3cm×高3.5cm

攀登高枝，一鳴驚人。造型特殊，
形態逼真，大目凸出，翹尾折腰，
呈現枝頭蟬鳴狀態，整體受沁，
玉質溫潤，腹部凸出，有一穿孔。

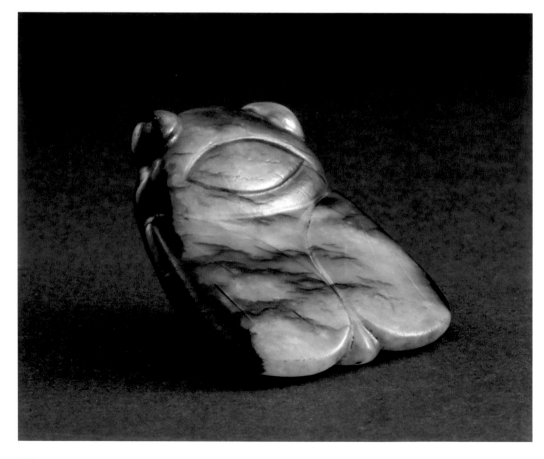

玉鳳形簪 宋元

長9.2cm×高1.5cm

玉質鈣化，雞骨白，鳳頭髮簪為女款婚嫁禮物，
簪首雕鳳鳥俗稱"望君歸"寓意夫妻恩愛和美。

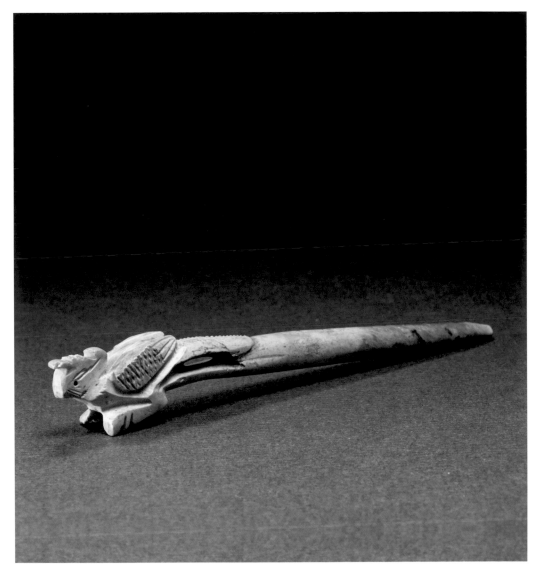

131

瑪腦雙鳳花葉紋臂韝 遼

長9.2cm×高4.5cm

132

水晶臂韝 遼

長9cm×高4cm

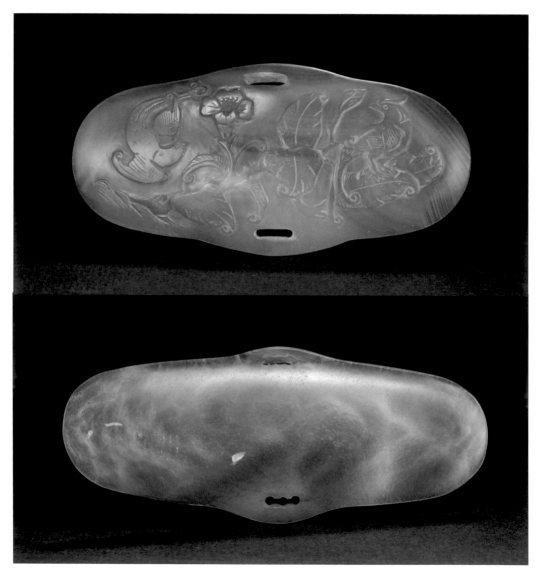

133

玉雙龍紋臂鞲 遼

長10.6

橢圓形臂，兩側有穿孔，用作於手臂的防護，出現
於魏晉南北朝時期，是契丹人的獨特獵具，狩獵時
繫在臂上用以護臂架鷹。用玉作臂，如同清代扳指
已演化為權貴男人手腕上的裝飾品。

134

玉 鐲 宋

直徑6.4cm

寬版扁型手鐲，減地淺浮雕，對向兩組神人紋，加如意紋框，對向兩組中間，浮雕夔龍紋，沁色斑爛包漿老熟。

135

玉鼠來寶出廓璧 宋

長4cm×高4cm

乳釘紋玉鼠外廓璧，三隻老鼠圍繞玉璧外圍，一隻
大兩隻小，三鼠雙目圓睜，兩耳緊貼，尾部各異，
兩隻小鼠朝向大鼠，呈躬身蹲伏狀，似乎聆聽大鼠
教誨，暗示這是祖孫三代，正在傳承生生不息的傳
家寶典。鼠來寶，數來寶，傳的不僅是有形的財富
更暗藏著，富過三代的傳家寶訓。

136

玉神獸 元

長7cm×高4cm

元人號稱草原狼，崇拜狼圖騰。玉神獸，以狼為創
作原型，身形如虎，拳掌握胸，回首雄視，方雷紋
雙角，臉鼻尖削，蝦米眼，疪牙裂嘴，長耳，利爪
四足虯勁，火焰尾，龍鱗鎧甲，壽紋腰帶，流梳飛
揚，壯碩兇猛，神采奕奕。展現元代深刀、重刀雕
刻工藝，應是大權在握的武將特殊定製品。

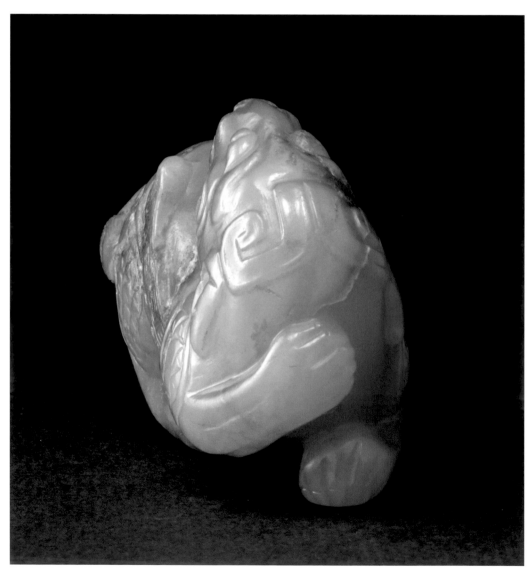

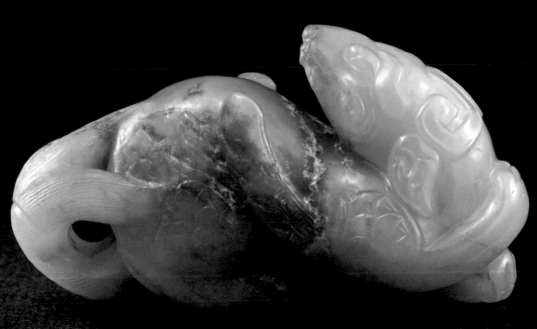

「福氣」

唐、宋、元、明、清同屬民玉時代
同樣是紋必有意，意必吉祥
唐宋是暗示，文人品味，表達含蓄
明清是明示，富豪階層，平鋪直敍
就怕人看不清，最好再加文字說明
所有的吉祥符號，一股腦兒全上去

福氣

【明—清】

文必有意　意必吉祥

137

玉如意童子勒 明

長2cm×高4.5cm

童子玉雕常見，圓勒僅見，童子頭部滾圓，五官鮮明，咪眼抿嘴滿是笑意，以陰刻線簡略交代衣紋褶皺，手持靈芝過肩後揹，設計極具巧思，通心穿。

玉騎木馬童子 明

長3.7cm×高6.5cm

小童五官精緻,身
著花紋錦襖,跨騎
木馬,左手牽馬頭
馬到成功,右手持
令旗,旗開得勝!

139

玉透雕雙龍珮 明

長3.7cm×高6.5cm

雙龍戲珠常見於婚禮祝福，除了喜慶吉祥，二龍戲珠也象徵夫妻互相尊敬、謙讓包容，這類玉器可佩帶，也可作嵌飾。

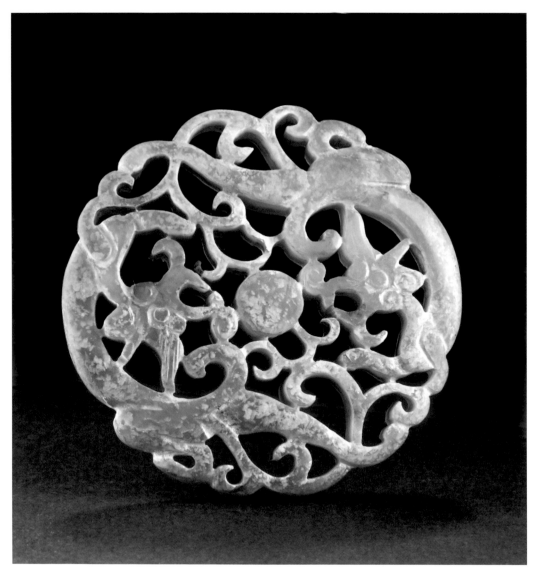

140

玉透雕龍紋銙　明

長7cm

呈長方形雙層鏤空透雕技法，正面龍騰躍於花叢中，龍首仰視，毛髮上飄，四趾，身彎曲，鱗陰刻斜方格紋，尾與前後腿相接，脊背琢雕不規則鋸齒紋，左上角蝙蝠右上角喜鵲，下層大片花式動態雲氣，起到很好的襯托作用，加強了龍騰飛行的感覺。

141

玉鏤空龍紋珮 明

長7cm

圓形片狀，雙層鏤空透雕，龍體光素玲瓏剔透，曲頸拱背，龍首側臉。頭部髮毛呈飄拂狀，下層花式動態雲氣，加強龍行雲間的感覺。

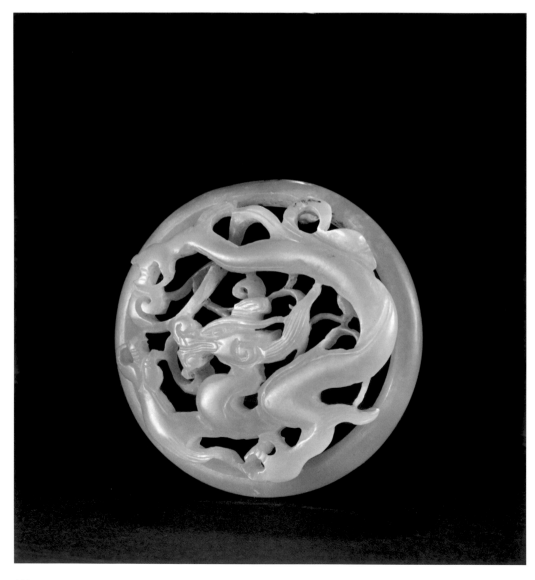

142

玉鏤空雙螭璧　明

長5.8cm×高9.8cm

雙龍拱璧婚禮祝福，除了喜慶吉祥，象徵夫妻郎才
女貌、珠聯璧合，這類玉器可佩帶，也可作嵌飾。

143

玉蟠螭珮 明

長3.5cm×高4.5cm

團龍紋飾源於唐代，象徵權勢尊榮，是明清兩代最
高等級的裝飾圖案。扁型玉珮，質地堅硬瑩潤，鐵
鏽沁，雙面立體透雕、螭身蟠曲、長腿、長尾、鬣
毛飄捲、首尾相應、靈動矯健、嘴角齊平、水滴眼
螭角長至頂部，雕如意紋，展現明代盛世祥和氣勢

144

玉母子猴 明

長3cm×高4.2cm

母子猴臂臂交接，寓意輩輩封侯，期盼子孫代代皆為賢達。籽玉立體透雕，鐵鏽沁紅，母子情深手臂互相搭在一起，臉部表情生動同時看向遠方，傳神表達了猴子逗趣的特色。

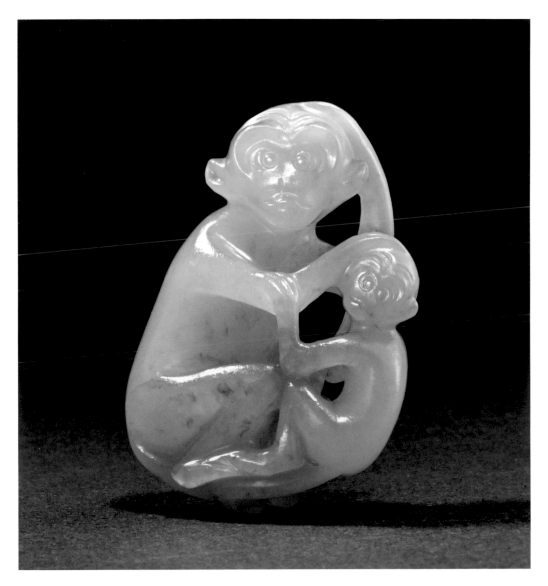

145

黃玉太極牌 明

長4.5cm×高6.5cm

黃玉橢圓形牌，釘金沁，中間部份雕陰陽太極，兩端雕飾叱侘風雲紋，氣場十足，刀工簡樸有力符合道家大道至簡精神。

146

玉麒麟負書 明

長5cm×高3.2cm

麒麟性情溫和，稱仁獸，象徵祥瑞，據傳孔子出生
時有麒麟顯現，因此有麒麟送子之說。白玉麒麟吐
書，溫潤細膩，瑩光通透，麒麟前望，俯臥於地，
四蹄收於腹下，濃眉大眼，頭頂雙角，鬃髮下披於肩
雲煙環繞書冊，整器形體圓融飽滿。

147

玉環 明

長3cm×高3cm

中脊凸起，光素無紋，土黃褐色全沁，直徑小巧可作小班指。

148

玉鐲 明
直徑8cm×高2.5cm

蜻蜓諧音，情及青亭，寓意情投意合，青春永駐，亭亭玉立。蜻蜓一般出現在古代女子的首飾，蜻蜓靈芝手鐲，表達對婚姻的祝福，寓意百年好合，萬事如意。

149

玉雙魚紋帶束 明

長4.5cm×高2.8cm

魚繁殖力強，常比喻多子，和餘同音，象徵富足有餘，雙魚悠游，表達文人嚮往自然，雙魚帶束，沁色應為老提油。

150

玉三腳蟾蜍　明

蟾蜍 / 長3cm
玉璧 / 2.5cm
玉環 / 1.8cm

兩件老系璧,搭配三腳玉蟾,結成多寶串寓意發家守業。

151

玉髮簪　明

長16cm

簪首呈蘑菇鈕狀，用以穿過玉
冠孔洞，固定玉冠及髮髻。

152

玉髮簪　清

長10.8cm×寬1.8cm

簪首呈如意形，鏤雕陰刻身扁長略彎。

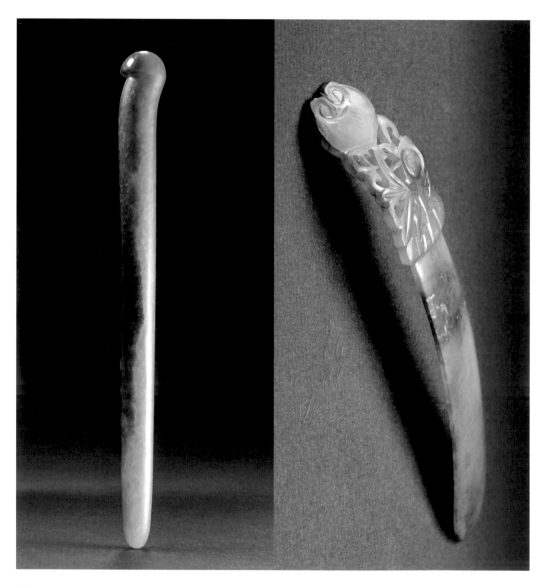

153

玉雙龍銜珠鐲一對 清

直徑7.5cm

和田白玉圓鐲，玉質瑩潤，端口連接處，雙龍首共含一珠，為"雙龍戲珠"象徵夫妻互相尊敬、謙讓包容，婚姻合美。

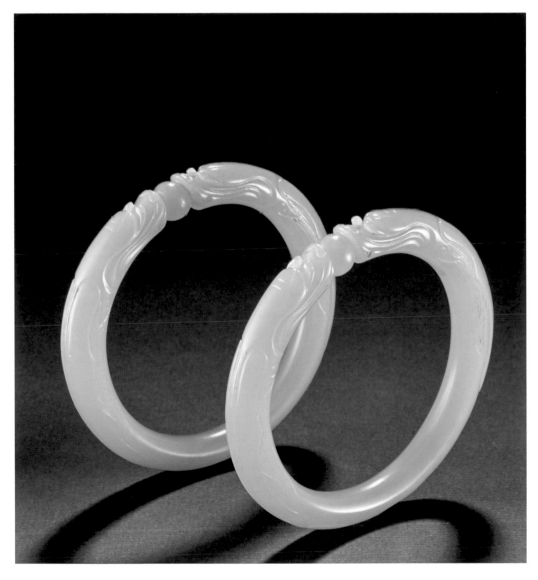

154

玉鏤空龍紋班指　清

長3cm×寬2.5cm

雲龍盤繞鏤空透雕，精巧別緻，玉質溫潤。

155

玉透雕龍紋銙 清

長7.3cm

正面龍，騰躍於花叢中。頭大，雙角，厚額，圓目長鬚，前足翻揚如飛翅，尾細長，龍身光素無紋，長方形雙層透雕琢，用料精良，雕工細緻。

156

玉龍船珮 清

長3.8cm×高3.9cm

蘇子與客泛舟遊於赤壁之下,清風徐來水波不興。
舉酒屬客,誦明月之詩,歌窈窕之章,少焉,月出
於東山之上,徘徊於斗牛之間於是飲酒樂甚,扣舷
而歌之。

157

玉子辰珮 清

長5cm×高2.8cm

子(鼠)辰(龍)玉珮，子到辰時為睡眠時刻，人體渾沌
尚未完全甦醒時，配戴子辰珮，保護人體日日平安
明清時代，諧音大為盛行，子辰珮寓意保平安及望
子成龍。

158

玉獬豸 清

長5cm×高2.8cm

獬豸,傳說中的獨角神獸,能辨曲直,見人相鬥時,
則以角觸邪惡無理者,古人視之為公正吉祥物。

159

玉馬上封侯 清

長7.5cm×高4.5cm

馬上就是即刻,封侯指官封侯爵,馬上封侯是即刻
就要受封爵位。猴子騎於馬上,寓意功名指日可待

160

玉受天百祿牌 清

長4.5cm×高6.5cm

正面減地淺浮雕麒麟，反面雕受天百祿
及蝙蝠，已然是麒麟才子，有福氣又受
天百祿，但是好還要好上加好，左邊加
黃龍，右邊加雲上仙人，寓意登龍有術
平步青雲。

161

玉詩文牌 近代

長4cm×高6cm

雕老者沽酒場景,背面陽刻詩文,道出
老酒鬼的心聲,「老人七十仍沽酒,千
壺百甕花門口,道傍榆莢巧似錢,摘來
沽酒君肯否」

162

玉馬鞍戒 清

長2.2cm×高2.3cm

清朝王公貴族喜愛
佩戴板指，也流行
佩戴馬鞍戒。

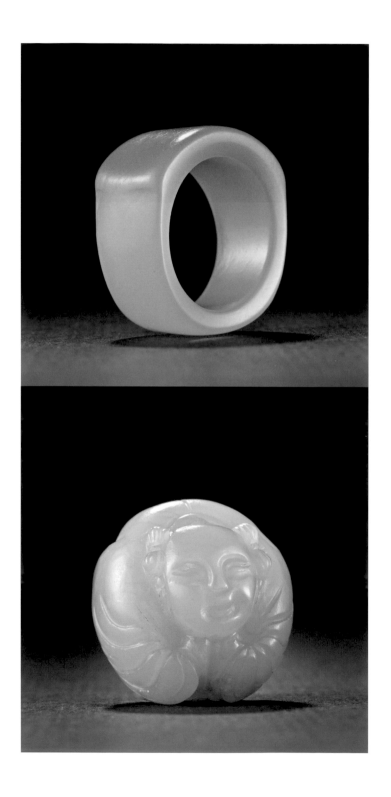

163

玉一團和氣 近代

2cm×2cm

明憲宗朱見深繪製
的工筆畫，畫中陶
淵明、陸修靜、慧
遠禪師環抱一團，
似彌勒佛，細看又
為三人，一團和氣
後來又延伸出許多
版本。

164

翠玉三太子 近代

長3cm×高4.5cm

哪吒是玉皇大帝駕下大羅金仙，投胎為托塔天王李靖之子，哪吒法力高強，降妖伏魔，成為通天太師，威靈顯赫大將軍。

165

翠玉手鐲 近代

直徑：7.5cm　內徑：5.8cm

166

翠玉手鐲 近代

直徑：7cm　內徑：5.5cm

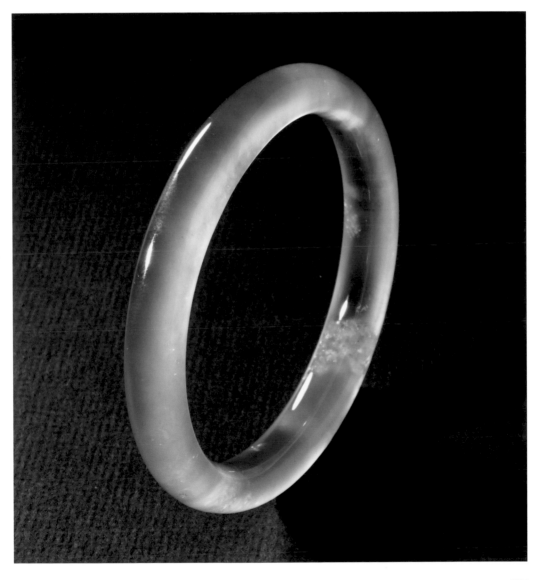

帶鉤不代溝

代代相傳　勾連春秋

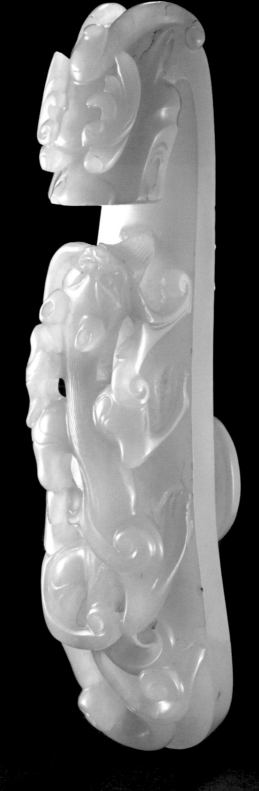

167

玉獸首帶鉤　戰國~漢

長14cm×寬1.8cm

168

玉獸首帶鉤　戰國~漢

長3.3cm×寬1.1cm

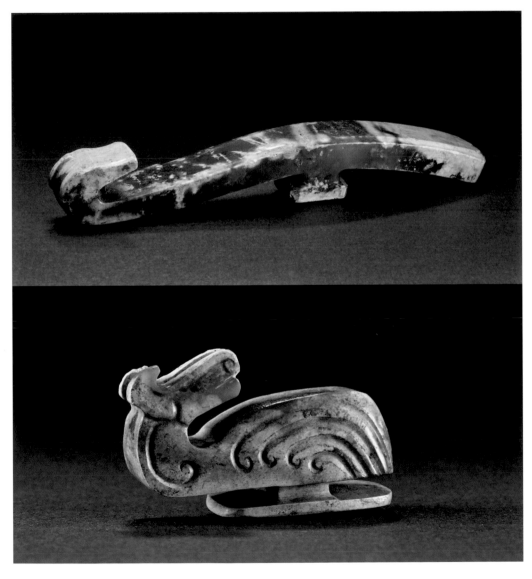

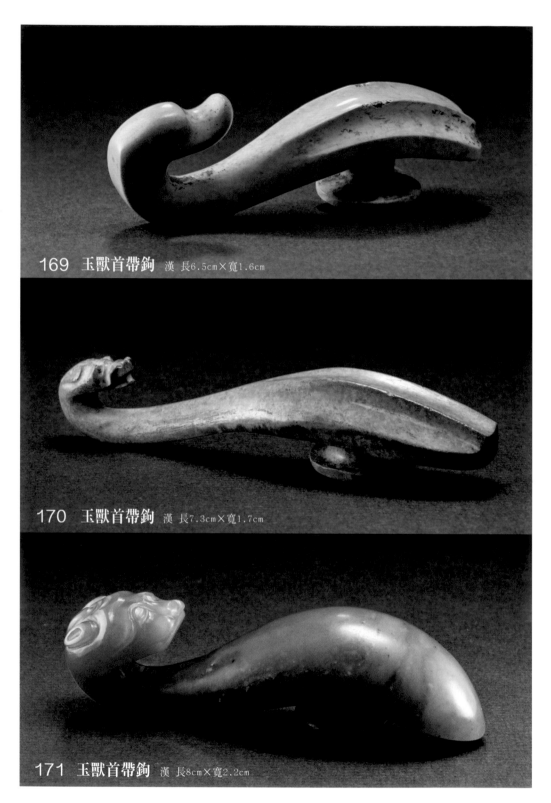

169　玉獸首帶鉤　漢 長6.5cm×寬1.6cm

170　玉獸首帶鉤　漢 長7.3cm×寬1.7cm

171　玉獸首帶鉤　漢 長8cm×寬2.2cm

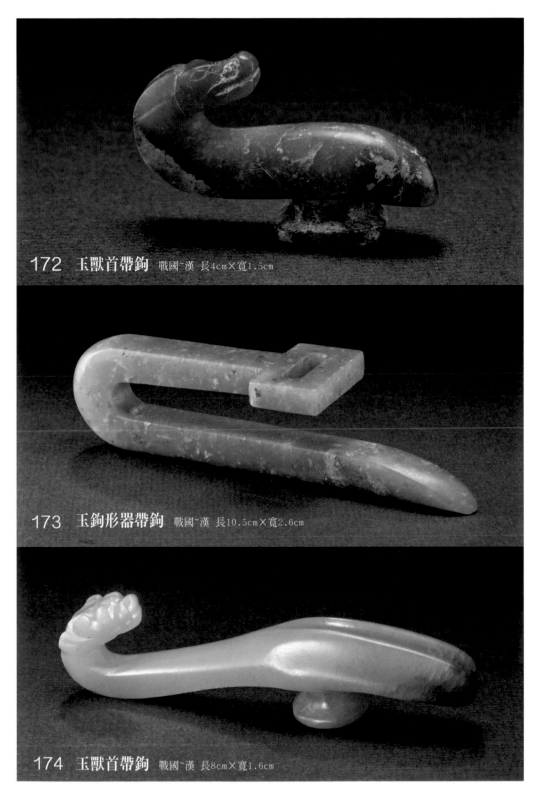

172　玉獸首帶鉤　戰國~漢　長4cm×寬1.5cm

173　玉鉤形器帶鉤　戰國~漢　長10.5cm×寬2.6cm

174　玉獸首帶鉤　戰國~漢　長8cm×寬1.6cm

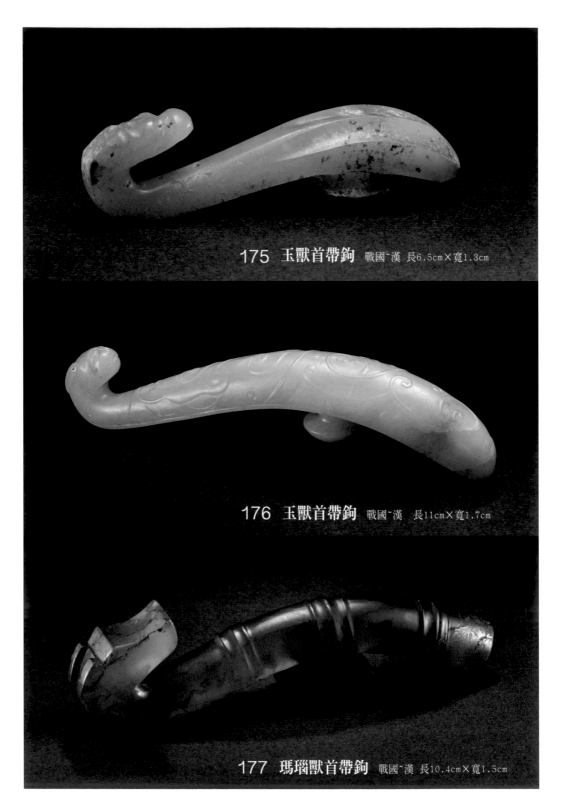

175　玉獸首帶鉤　戰國~漢　長6.5cm×寬1.3cm

176　玉獸首帶鉤　戰國~漢　長11cm×寬1.7cm

177　瑪瑙獸首帶鉤　戰國~漢　長10.4cm×寬1.5cm

178

玉鳳首帶鉤 唐

長9.5cm×高2cm

179

玉鳳首帶鉤 宋

長7.8

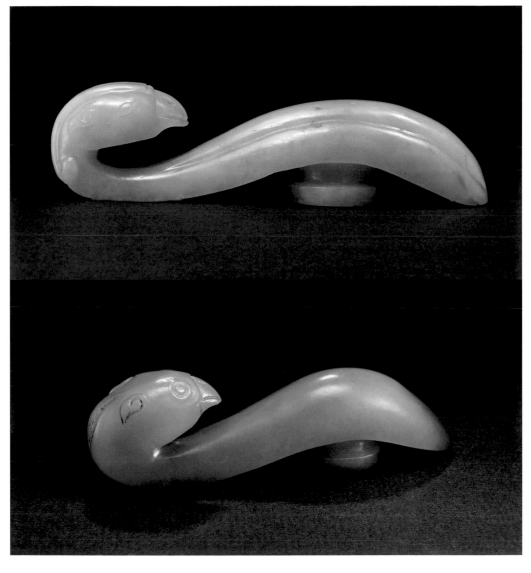

180

玉螳螂蟬帶鉤 宋

長7.4cm×寬2cm

181

玉蒼龍教子帶鉤 元

長10.5cm×寬4.3cm

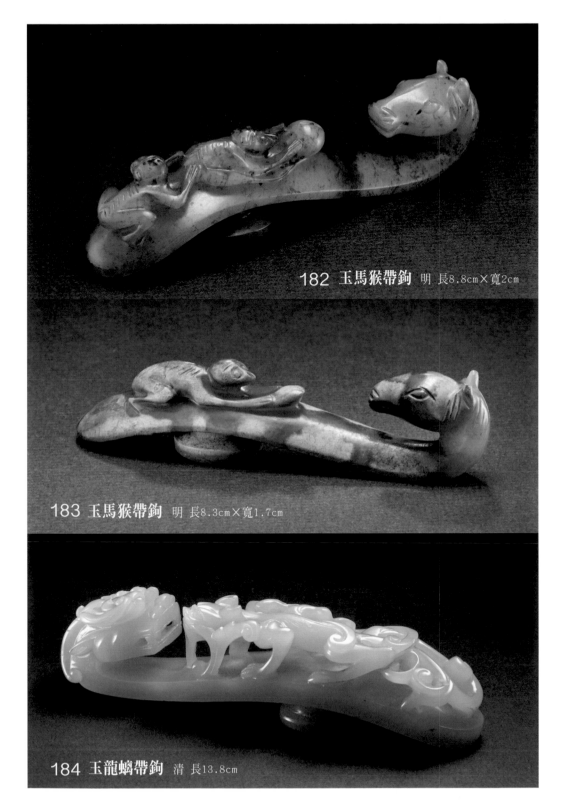

182 玉馬猴帶鉤 明 長8.8cm×寬2cm

183 玉馬猴帶鉤 明 長8.3cm×寬1.7cm

184 玉龍螭帶鉤 清 長13.8cm

水靈晶怪

徜徉春水秋山

185 水晶蛙　遼　大：長3.3cm×寬2cm　　小：長2.2cm×寬1.5cm

186
水晶管 遼

長5.5cm×直徑0.8cm

187
水晶心形墜 遼

長2cm×高4.2cm

188
水晶珠 遼

大 長3.5cm×寬2.5cm

小 長2.5cm×寬2.5cm

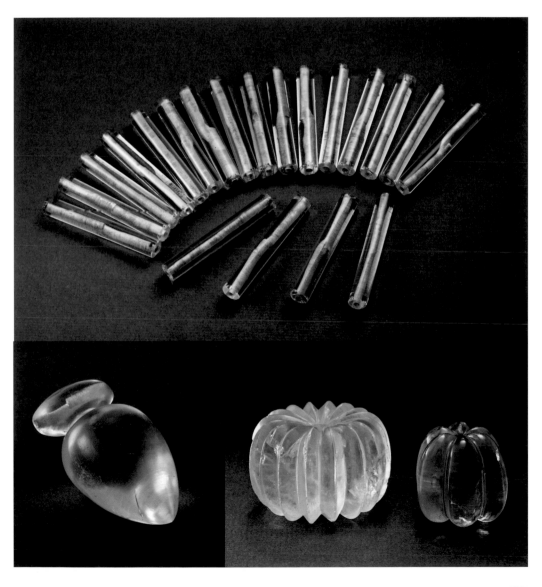

189
水晶長頸獸 遼
長4.3cm×寬2.5cm

190
水晶熊 遼
長3.2cm×寬2cm

191
水晶豬 遼
長3.2cm×高1.8cm

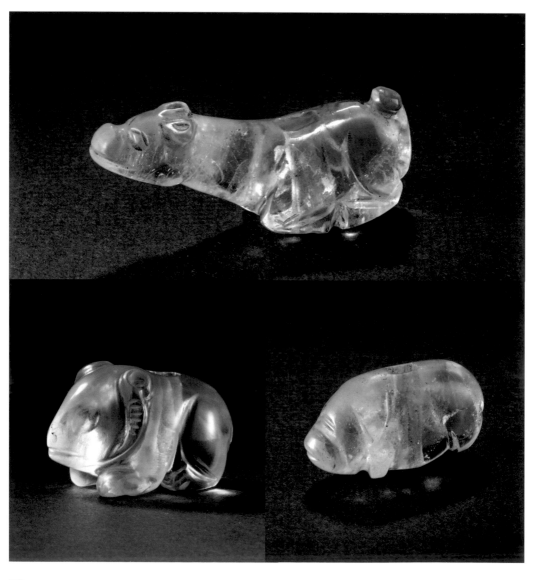

192

水晶兔 遼
長3.7cm×高1.8cm

193

水晶羊 遼
長3cm×高2.5cm

194

水晶狗 遼
長3.5cm×寬2.5cm

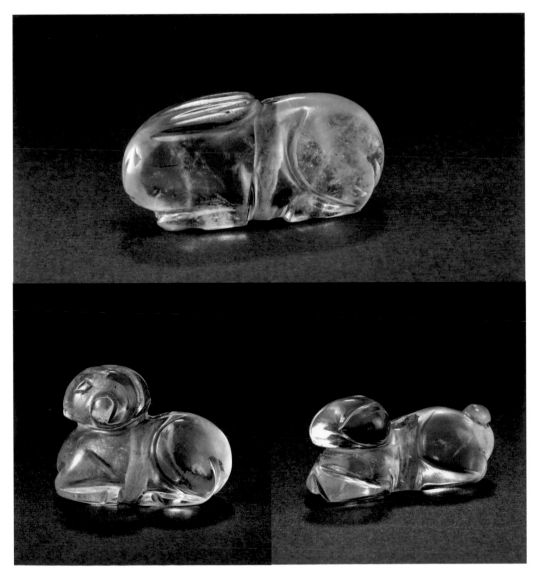

195
水晶鹿　遼
長3cm×高3cm

196
水晶馬　遼
長4cm×高2cm

197
水晶獸　遼
長3.3cm×高2.5cm

198
水晶猴　遼
長1.5cm×高2.8cm

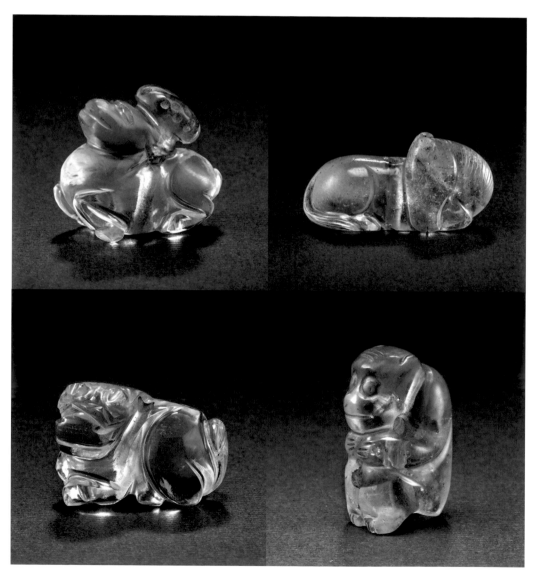

199
水晶鴛鴦 遼
長3.3cm×高2.8cm

200
水晶鵝鰈情深墜 遼
長3.5cm×高2cm

201
水晶魚 遼
長3.5cm×寬2.5cm

202
水晶魚 遼
長3.8cm×寬2.5cm

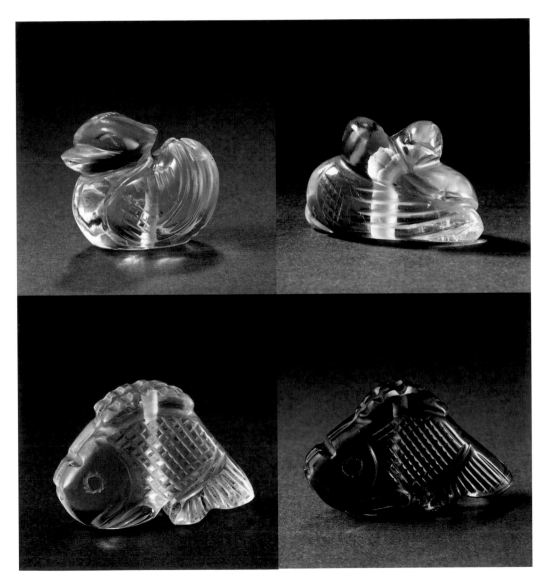

國家圖書館出版品預行編目(CIP)資料

相玉相飾 = Jack & Blue Chinese jade / 藍傳真著--
初版.-- 臺中市：白象文化事業有限公司, 2023.06
面；公分
ISBN 978-626-364-071-9(平裝)

1. CST:古玉 2. CST:玉器 3. CST:佩飾 4. CST:中國

794.4　　112009922

相 玉 相 飾
JACK & BLUE CHINESE JADE

玩　　　家　　羅基煌 藍傳真
文　　　創　　藍傳真
設　　　計　　郭家妙
攝　　　影　　李順茂
美　　　編　　春耕廣告設計公司
印　　　製　　興台彩色印刷
出 版 發 行　　白象文化事業有限公司
　　　　　　　412台中市大里區科技路1號8樓之2（台中軟體園區）
　　　　　　　出版專線：（04）2496-5995　　傳真：（04）2496-9901
　　　　　　　401台中市東區和平街228巷44號（經銷部）
　　　　　　　購書專線：（04）2220-8589　　傳真：（04）2220-8505
建 議 售 價　　新台幣1200元整
出 版 日 期　　中華民國112年6月

bluefax0220@gmail.com